まるわかり

ビジネスマナーの基本

浦野啓子 監修

はじめに

新入社員にとって、社名を名乗るビジネスシーンは未知の世界。学生時代と違って、社会に出るとはさまざまな年代の人と出会います。学生のころと同じような言葉遣いや行動では、通用しないケースがいくつもあることでしょう。仕事を効率よくこなすことはもちろん大切ですが、最低限のマナーやルールを知らなければ「デキる」社会人とは言えません。マナーを知らなければ人から信頼を得られませんし、信頼を得られなければ、ビジネスチャンスもめぐってきません。

ただし、お決まりのマナーを守るだけでは、人の心に響かないのも事実。

相手への思いやりを一番に、状況によって対応を変えるのが本当のマナーです。そもそもマナーとは、人間関係をスムーズにするツールなので、覚えたことをそのまま実行すればいいというものではありま

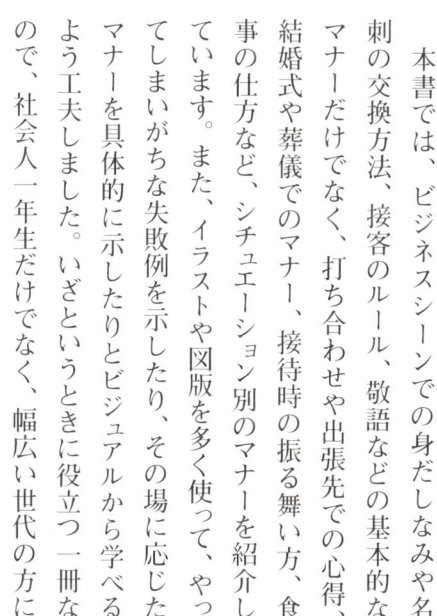

せん。正しいと言われていることが、状況によっては相手を嫌な気持ちにさせてしまうこともあります。どんな状況でもうろたえずに、きちんとした判断を下せるよう、普段から相手の立場や考えを念頭に置いて行動することが大切なのです。

本書では、ビジネスシーンでの身だしなみや名刺の交換方法、接客のルール、敬語などの基本的なマナーだけでなく、打ち合わせや出張先での心得、結婚式や葬儀でのマナー、接待時の振る舞い方、食事の仕方など、シチュエーション別のマナーを紹介しています。また、イラストや図版を多く使って、やってしまいがちな失敗例を示したり、その場に応じたマナーを具体的に示したりとビジュアルから学べるよう工夫しました。いざというときに役立つ一冊なので、社会人一年生だけでなく、幅広い世代の方に手にとってもらえれば幸いです。

目 次

第1章 基本のマナー

- 基本の身だしなみ ... 10
- 社会人としての心構え ... 20
- エレベーターと廊下のルール ... 28
- 仕事を効率よく進める ... 30
- ホウ・レン・ソウの実行 ... 32
- 会議に出席する ... 36
- 休暇を取るときの心得 ... 40
- オフィスでのトラブル ... 42
- オフィスでの人間関係 ... 46

第2章 会話のマナー

- ビジネス会話の基本 ... 52
- 敬語をマスターする ... 58

目　次

第3章　接客と訪問マナー

- 電話かけのルール ... 66
- 電話を受けるルール ... 70
- メモを残す ... 72
- 携帯電話を有効に使う ... 74
- FAXを有効に使う ... 78
- メールを有効に使う ... 80
- 封書を有効に使う ... 82
- どうする？社内行事 ... 84
- おじぎとあいさつのルール ... 90
- 自己紹介するときは ... 94
- 名刺はビジネスマンの顔 ... 96
- 人物紹介のオキテ ... 100
- スマートな接客応対 ... 102
- 訪問するときのマナー ... 108

目次

第5章 冠婚葬祭のマナー

- 冠婚葬祭の予備知識 …… 148
- 慶弔電報の送り方 …… 150
- お中元とお歳暮のマナー …… 152

第4章 ビジネス文書

- ビジネス文書の基礎知識 …… 124
- ビジネス文書作成のヒント …… 128
- 社内文書の基礎知識 …… 130
- 社外文書の基礎知識 …… 136
- 社交文書の基礎知識 …… 142

- 感じのよい接待 …… 114
- 接待を受けるときの礼儀 …… 118
- 出張時の心構え …… 120

目　次

第6章　食事のマナー

- テーブルマナーの基礎知識 … 186
- お見舞いとお祝いの礼儀 … 154
- 慶事に招待されたら … 156
- 慶事の招待状 … 158
- 結婚祝い金の贈り方とマナー … 160
- 披露宴当日の所作 … 162
- 披露宴での服装 … 164
- 披露宴のスピーチ … 166
- そのほかの慶事 … 168
- 訃報を聞いたら … 170
- 香典の基礎知識 … 172
- 通夜・告別式での振る舞い … 174
- 通夜・葬儀の服装 … 178
- 宗派ごとの献花・焼香 … 180

目次

コラム ビジネス力UP講座

- マナーの基本は思いやりと心得る … 50
- さらに細分化された敬語を覚えよう … 88
- 心をつかむ雑談テクニック … 122
- 転任・退職あいさつのマナー … 146
- もしも身内に不幸があったら… … 184

STAFF
編集製作　バブーン株式会社（矢作美和、高木忍、丸山綾、後藤海織、宮澤恵）
イラスト　かたおかしゅういち、わたなべじゅんじ、近藤みわ子、古賀重範
デザイン　仲一彌デザイン事務所（仲一彌、美崎麻裕子）

- お店での席次と着席 … 188
- 日本料理のマナー … 190
- 正しい箸の使い方 … 192
- 西洋料理のマナー … 194
- カトラリーの使い方 … 196
- 中華料理のマナー … 198
- いろいろな料理のマナー … 200
- 立食スタイルでのマナー … 202
- お酒の席でのマナー … 204

第 1 章 基本のマナー

基本の身だしなみ

着飾る「おしゃれ」とは違って、身だしなみは「身なりを整える」こと。キーワードは「清潔感」です。

ビジネスは外見も大事

見た目にこだわるより仕事で成果を出すべきだ、と思うかもしれませんが、第一印象は見た目で決まります。人に不快感を与えない身だしなみを心がけましょう。

～常識チェック～

- ☐ Q1　清潔さは不可欠
- ☐ Q2　スーツはダブルでもよい
- ☐ Q3　ワイシャツは白のみ
- ☐ Q4　女性もパンツスーツでよい
- ☐ Q5　ネイルアートは常識だ
- ☐ Q6　ラメのメイクは取り入れるべき
- ☐ Q7　少し明るい程度の茶髪ならよい
- ☐ Q8　ひげ面でもよい
- ☐ Q9　ブランドのロゴ入りバッグでもよい
- ☐ Q10　カジュアルデーはジーパンでOK

いくつできた？

A1	A2	A3	A4	A5	A6	A7	A8	A9	A10
○	×	△	△	×	×	×	×	△	△

A1 スーツなどのシワや汚れは×。不潔感は好感度を下げる要因。

A2 新人のうちはノーマルな3つボタンタイプの方が浮きません。

A3 白でなければということはありませんが品位を失わずに。

A4 職種によっては女性のパンツスーツがNGの場合もあります。

A5 派手なネイルアートは周囲に不快感を与え、業務にも支障が。

A6 オフィスにふさわしいのは、ベージュ系のナチュラルメイク。

A7 会社によっては黙認されている場合もありますが、黒髪が無難。

A8 以前より抵抗感はなくなっていますが、不潔感はぬぐえません。

A9 ブランドロゴが目立つタイプは営業先で痛い目に遭うことも。

A10 会社によって服装の規定があるはず。先輩に従いましょう。

第1章　基本のマナー　　基本の身だしなみ

清潔POINT

A1 おしゃれは二の次。不潔はもってのほか。何よりも清潔感が大切です

体形に合った洋服である
スーツを選ぶときは必ず試着し、袖からワイシャツの袖先が少し見えるか、肩先が袖の付け根にぴったり合っているか、確認しましょう。

嫌みのないヘアスタイル
髪がボサボサだと顔全体が暗く見えます。かといってキメ過ぎも不自然。男性は短髪、ロングヘアの女性の場合は、まとめ髪が好印象。

プレスされたスーツ
スーツを長持ちさせるコツは「1日着たら1日休ませる」。最低2着は用意。女性ならジャケット＋パンツ＋スカートのセットが便利です。

ほんのひと手間で長持ち
シミ、シワのないワイシャツ、ジャケットで

一日中着たジャケット、ズボンは思いのほか汗が染み付いています。その日のうちにお手入れするのがベスト。脱いだら木製ハンガーにかけて風を通し、できれば毎日、最低でも週に1回はブラシをかけて傷みの原因となるほこりを取り除きましょう。夏場はサマースーツも1着そろえておくといいでしょう。

ジャケットの手入れ方法
ブラシの動かし方は毛並みに沿う逆らうを何度か繰り返し、スーツを軽くたたき、最後に毛並みに沿って動かします。これを3回ほど繰り返します。

汚れたら…
絞ったふきんで汚れた部分をやさしくふき、スチームアイロンを浮かせてかけます。

革靴を長持ちさせるコツ
毎日同じ靴はNG　水ぬれも厳禁です

革靴もスーツと同様、2足以上を履き回したほうが傷みにくくなります。水ぬれは大敵なので、あらかじめ防水スプレーをかけておきましょう。

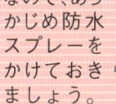

革靴の手入れ方法
靴用ブラシでほこりを落とします。靴専用のクリーナーをやわらかい布につけ、靴にのばします。

別の布を使って靴墨を全体に薄く塗り、古いストッキングでツヤを出します。

意外と目立ってる！靴の汚れとかかとのすり減り

スーツ選びのPOINT

男性のスーツはデザイン性より機能性を重視

POINT 3 3つボタン
ボタンの数も足並みそろえて
2つボタンやダブルのスーツなどのタイプがありますが、新入社員はスタンダードな3つボタンのシングルスーツを。ボタンは下1つを開けるときれいな着こなしに。

POINT 1 素材、色
色は地味め、素材は上質
色はグレーか紺を選べば失敗しません。シワになりにくいウール、夏ならポリエステル混のものを。形状記憶仕様など手入れがしやすいものもいいでしょう。

POINT 4 丈の長さ
短すぎても長すぎても×
靴の上でだぶつかない程度の長さがバランスよし。縦の折り目が真っすぐに落ちるのが理想的です。足の甲にあたらない短めの丈は、ビジネスの場には不向き。

POINT 2 シルエット
おしゃれ感はまったく無用
ベーシックな長方形のシルエットを選びましょう。ショート丈やタイトなシルエットのジャケットなどデザイン製の高いものは、新入社員のうちは避けること。

こんな場合は？

◆**ぴったりのパンツがない**
裾とウエストをお直し。小さいサイズのウエストを広げてもらえば余分なシワが寄らないので可能ならぜひ。

◆**裾の折り返しタイプを着たい**
靴の上でだぶつくので通常よりやや短めの丈にしましょう。ただし、改まった場ではシングルタイプが正式です。

◆**ネクタイピンをするなら？**
大きいものや目立つものは避けましょう。正面から見えないようネクタイ裏の帯をワイシャツに付ける方法も。

◆**柄ものはすべてNG？**
極細ストライプやグラフチェックなど控えめな柄ものならOK。やはり色はグレー・紺系のものをチョイス。

これはNG！
スーツ選びに失敗すると変に目立ったり、みっともなかったりと得なことはありません。

派手な柄
太いストライプ、暖色系のチェックなどは下品な印象。

ダボダボ
なんとも頼りなく見えます。ベルトジワもNG。

第1章　基本のマナー　　基本の身だしなみ

ネクタイ選びのポイント

薄いとほころびたり伸びたりするので、丈夫な生地で芯の入った厚みがあるものを選びます。

無地やストライプ

スーツの色に合わせた無地かストライプ、小紋。色は紺系が無難ですが、自分に似合う色を選ぶのもおすすめ。

遊び心のある柄は？

好ましくはありません

アニマル柄やキャラクター柄を不まじめだと思う人も。プライベート用にしましょう。

不特定多数の人に会う職種は特に避けるべき。

ワイシャツ選びのポイント

シワになりにくく縫製のしっかりしたものを。職種によっては地味な柄ものも許されます。

淡い寒色系

淡い色合いでもピンクなどの暖色系は避けるべき。

無地の白

どんな場面でも浮きません。襟や袖の汚れに注意！

薄いチェック

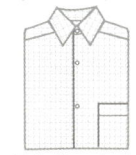

一見無地にも見えるほど薄く細かいチェック地。

細いストライプ

ストライプがはっきりしすぎない細さで薄いもの。

A3 ワイシャツ&ネクタイで差をつけるのもアリ！

きちんと覚えたい　ネクタイの結び方

プレーンノット

 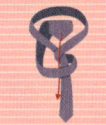   

形を整えます。締めすぎは結び目が小さくなるので注意。	中央にできた輪の部分に差し込んで通します。	太い方を、内側から輪の中央に入れます。	太い方を細い方の下にくぐらせて、1周巻きます。	ネクタイの太い方を上にして胸の前で交差させます。

変形プレーンノット

頭を通し、結び目で絞って長さ、形を整えます。	初めに作った結び目のすき間に差し込みます。	頭が通るほどの輪を作ります。	そのまま固結びの要領で輪に通します。	首にかけずに手に持ち、太い方に細い方を巻きます。

スーツ選びのポイント

A4 女性のスーツはジャケット、スカートの丈に注意

POINT 1 シルエット
ボディーラインを見せつけない

女性といえども、営業職など外部の人と会う仕事ならスーツやセットアップで出勤しましょう。体にフィットするものは避け、スタンダードなスーツを選ぶこと。

POINT 2 スカートの丈
スカートはやや長めが好印象

スカートはいすに座ったときにひざが隠れるくらいの丈がいいでしょう。深くスリットの入ったものや、丈の短すぎるスカートはセクハラを助長しかねません。

POINT 3 色
地味色ベースにさし色をプラス

男性と同様に紺・グレー系か黒・ベージュ系が無難です。黄色やピンクなどの明るい色のスカーフを巻くなど、ワンポイントを取り入れてもいいでしょう。

POINT 4 素材
ラフな素材は避けること

セットアップであれば、冬場ならウールなどのほかベルベットやコットンも上品な印象です。デニム、ジャージーといったカジュアルな素材はオフィスに不向き。

こんな場合?

◆ **制服がある場合は…**
制服があるなら業務時間はそれを着用し、業務時間外は着替えます。通勤服がカジュアルすぎるのは考えもの。

◆ **パンツスーツはOK?**
会社によっては許されない場合があります。また、特に決まりがない場合でも改まった席では避けたほうが無難。

◆ **インナーにふさわしいのは…**
襟付きのブラウスか綿のシャツなどはインナーにぴったり。胸元が大きく開いたタイプは避けましょう。

◆ **タイツをはいてもいい?**
タイツは本来カジュアルなスタイル。冬場などは薄手のものなら黙認されるケースもありますが、避けましょう。

これはNG!

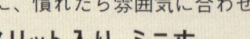

男性ほど決まりがないのでかえって失敗しがち。初めは無難に、慣れたら雰囲気に合わせて。

スリット入り、ミニ丈
丈が短いと座ったときにももが出てしまいます。

身体の線がくっきり
いくらスーツでもビジネスにふさわしくありません。

第1章　基本のマナー　　基本の身だしなみ

A5 ネイルは清潔にキープ

爪は業務に支障がない程度の長さで、マニキュアを塗るなら薄いピンクやベージュ系など主張のないものがオフィス向き。はげたマニキュアはだらしなく見えるので塗るなら完全にお手入れを。

リングをつけたい！

プレーンなものならOK
リングにかかわらず、シンプルなアクセサリーなら問題ありません。大きなモチーフなどは業務のじゃまになるので避けるべき。

男性も爪のケアは欠かせない！
女性が「男性サラリーマンの許せない容姿」はダントツで「長い爪」（06年オリコン調べ）。マメにカットしましょう。

これはNG!

ネイルアート
凝ったネイルアートは悪目立ちし、けじめのない印象です。

二枚爪
乾燥や爪切りを使うのが原因。日ごろの手入れをきちんと。

伸びた爪
手入れしていても伸ばした爪でキーボードはたたけません。

A6 オフィスメイクは控えめに

まゆ毛　自然なカーブのまゆ。急な角度は威圧感を与えます。

目元　アイシャドウは薄色で。ブラウン系が望ましい。

チーク　ほのかに色づく程度なら顔色が明るく見えてグッド。

口元　ベージュ、ピンクなどナチュラルに。乾燥にも注意。

ノーメイクはマナー違反
メイクには、公私のけじめをつける目的もあります。

ラメ系は避けて
キラキラの派手メイクはアフター5で楽しみましょう。

香水はさりげなく
香水のつけすぎは不快。手首、耳の裏に少量で十分。

囲み目は不自然！
ペンシルで目を囲むメイクは万人受けしません。

肌の色から遠い色は使わず、全体に色を薄めに。

●オフィスメイクのキーワード●
清潔・ナチュラル・健康的

A7 ヘアスタイルは無難すぎず派手すぎずが正解!

男性の基本

FRONT

> POINT
> 正面を向いたときに、襟足が見えてきたら切りどきです。

前髪は自然に落とし、目にかからない長さがちょうどいいでしょう。まゆ毛が見えるのは短すぎ。

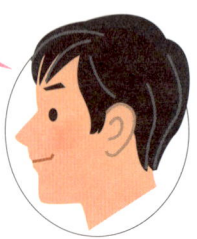
SIDE

> POINT
> フェイスラインがきちんと見えると、清潔に感じられます。

サイドは耳が出るくらいの長さ、もみあげは自然に。耳が隠れると一気にもっさりとした印象に。

これはNG!

髪の毛は不潔・清潔の分かれ道。手入れされている髪とそうでない髪は一目瞭然なのです!

フケ

スーツがダークカラーゆえに、フケは目につきます。

寝ぐせ

無頓着さをさらしているようなもの。必ず直して。

カチカチ

整髪料を使いすぎて動きのない髪は不自然すぎます。

女性の基本

FRONT

> POINT
> ロングでもショートでも、顔にかからないようにしましょう。

肩より長い髪はひとつにまとめるのがおすすめ。そのとき、後れ毛は残さないほうがすっきりします。

SIDE

> POINT
> 髪留めを使う場合も、やはりシンプルなものが好感度大。

じゃまにならないよう耳にかけたりピンで留めたりしましょう。ロングならアップで上品に。

業種別カタログ

飲食業

男性は短髪、女性は長ければ束ねましょう。前髪は短くするか額を出して。

サービス業

比較的自由が許される職場です。かといって奇抜なヘアスタイルにしないこと。

工場

業務のじゃまになるような長髪は束ねましょう。食品系は短いほうがベター。

第1章　基本のマナー　　基本の身だしなみ

ひげ面で長髪…は第一印象で損をする！

おしゃれの一環でもそう取られないことが大半

男性のひげは、昔と現代ではとらえ方が違うかもしれません。ですが、仕事を通して会う人は自分より目上の人が多いはず。快く思われないこともあるでしょう。長髪も同様。特に営業職の場合は、会社の利益にかかわりますので、ひげや長髪はやめるべきです。

その他ビジネスシーンで気をつけたいこと

明るい髪色
やや明るめはOK
髪のカラーリングは好ましいことではありませんが、少々明るくする程度であれば問題ないでしょう。

細まゆ
程よい太さに
顔立ちの印象はまゆ毛で随分変わります。特に、男性のあからさまな細まゆは軽薄な印象を与えます。

口臭
歯磨きを習慣に
朝だけでなく人と話す機会の多い人は昼食後も歯磨きをするべき。口臭を抑えるタブレットも効果的。

体臭
お風呂には必ず
最優先事項である「清潔」と真逆の要素。お風呂に入るのはもちろん、夏は制汗剤を使うなど工夫を。

ピアス
男にアクセはNG
男性のピアスはNG。スーツがバッチリでもピアスを付けた途端にさわやか度、信用度がダウンします。

鼻毛
指摘も気まずい
自覚しにくいことですが恥をかくだけでなく周りに気を使わせます。人に会う前に鏡でチェックを。

乾いた唇
男性もケアは必須
ひび割れた唇は痛々しく不快。男女ともにクリームでケアを。ただし人前で塗るのはマナー違反です。

パーマ
新人は控えるべし
男性のパーマは女性と違って認められないケースもあります。オフィスの雰囲気をつかんでから判断を。

チャック全開
うっかりが大恥に
他人が指摘しにくい事柄です。社内でなら笑い話で済みますが、取引先でしてしまうと最悪の事態に。

A9 かばんは丈夫ならノーブランドでOK！

手提げタイプが最適

ビジネスに向くのはA4サイズが収まり、スーツに負担をかけない手提げかばん。丈夫なキャンバス地、革製をチョイス。

リュックが便利そう

リュックやショルダーバッグは両手が空いて便利ですが、スーツにシワができるうえ、何よりスーツとの相性も重視。手提げタイプでもナイロン製などは避けます。

ブランド品を持ちたい

かばんに限らず給料の少ない新入社員が高級品を持つのは好まれません。また、ひと目でブランドが分かるものは取引先でトラブルになることも。実力と釣り合うものを。

最低限バッグに入れておくもの

- ☐ ハンカチ、ティッシュ
- ☐ 名刺入れ、名刺
- ☐ 手鏡、クシ
- ☐ 手帳、筆記用具

鏡とクシは男性も必需品。人と会う前に鏡をのぞき、髪がボサボサならとかし、ネクタイのゆがみを直します。

応用編 ロッカーに常備しておくもの

・替えのワイシャツ
汚れたときや急に接待の参加が決まったときに便利。

・替えのストッキング
通勤途中や勤務中に伝線してしまっても安心です。

・喪服
弔事は突然知らせられるので、ネクタイと一緒に常備。

・歯磨きセット
昼食後の歯磨きはクセにしたい事柄の一つ。

ロッカーは私物置きではありません
ロッカーは、私物でいっぱいにするのではなく、いざというときに役立つものを置いておきましょう。着替えは定期的にクリーニングに出すこと。

その他小物の選び方

◆靴（男性）
ひも付きやスリッポンタイプなどプレーンな革靴を。

◆靴（女性）
ヒール3cm以下のパンプス。ミュールやブーツは避けて。

◆靴下、ストッキング
男性はひざ下までの黒靴下、女性は肌色のストッキング。

◆ベルト
バックルタイプはフレッシュさに欠けるのでNG。

◆腕時計
高級品である必要はありませんが、スポーツ仕様は×。

第1章　基本のマナー　　基本の身だしなみ

A10 カジュアルデーは先輩たちがお手本

●カジュアルデーの服装●

トップはタートルネックやアンサンブルニットなど。

露出過多なカットソーやキャミソールはいけません。

ボトムはプリーツスカートや綿のパンツなど。

派手な色やミニ丈、素足にミュールはやりすぎ。

トップはボタンダウンシャツ、ポロシャツなどで。

Tシャツなど襟のない洋服は着ないほうがいいでしょう。

ボトムは綿素材のカジュアルすぎないものがおすすめ。

半ズボンはどんな場合でもNG。ジーパンは要相談。

どんな格好でもいいの？

先輩のマネをすればOK

カジュアルのとらえ方は会社によってさまざま。先輩に相談して社内の雰囲気に合わせましょう。

カジュアルデーとは？
スーツ以外で出社

会社によっては週に1度、カジュアルデーを設けています。その名の通り、スーツ以外のスタイルで出社が認められる日。くつろげる服装のほうが柔軟な発想ができる、というねらいがあります。

クールビズを実践！

●会社の規定に従う

ワイシャツは長袖か半袖か…など規定があれば合わせます。

28℃の室温で気持ちよく働ける軽装をクールビズと言います。ノージャケット、ノーネクタイが基本。

●訪問時にはネクタイを着用すること

出かける用事があればネクタイを持参し、締めてから訪ねます。

社会人としての心構え

新入社員は謙虚さと意欲が大切。自分の立場をきちんと把握して、「デキる」社員を目指しましょう。

「働く」ということ

「いる」だけでは無意味

社会人と学生の違いは仕事をした見返りに給料をもらうという点。そのため社員は会社に利益をもたらさなければ意味がありません。特に遅刻は利益どころか損害をおよぼす行為なので注意しましょう。

社会人としての4ヵ条

その1　就業時間を守る
「仕事をする時間」の前後
出社・退社時間は余裕を見て

始業時間は仕事を始める時間。10分前にはオフィスに着いているようにします。退社は逆に5分後を目安に。

始業
→10分前
終業
→5分後

その2　「自覚」を持つ
自分をわきまえることで
責任を持ちましょう

前述した通り、給料をもらう立場にあることを自覚しましょう。お金をもらうからにはどんな仕事にも責任を持たなくてはいけません。

その3　仕事を早く覚える
足手まといを卒業するには
教えてもらうだけではダメ

いつまでも教えてもらう立場では会社のお荷物。1日でも早く戦力になるには、聞くことだけでなく、先輩方の行動から学ぶことが大事。

・「聞く」「学ぶ」
・自分の位置を把握する

例えば…
先輩の手伝いは、仕事の指示を出した上司や上層部を手伝ったことになります。

その4　会社全体のルールを知る
ローカルルールもきちんと
覚えておきましょう

残業は1日2時間以内、週替わりの当番制で掃除…など会社独自のルールがある場合は従います。

これはNG！

ミスの言い訳
ミスをしたら何より先に謝ること。言い訳をしたところで、状況は変わりません。一度ミスをして深く反省すれば、次に同じ状況になったとき、失敗せずに切り抜けられるはずです。

学生気分
学生時代は遅刻しても授業中に居眠りをしてもどうにかなったかもしれませんが、当然ながら社会人としては通用しません。

第1章　基本のマナー　　社会人としての心構え

時間を守ることの意義

◎出社時間
遅刻はクセになります。遅刻3回で有給休暇を1回消化、減給など罰則のある会社もあります。

◎アポイントの時間
約束の10分前には到着。携帯電話の電波の状態を確認し、なるべくつながる状態で待ちます。

◎会議の時間
社内だからと油断は禁物。全員がそろわなければ始められません。遅れるなら一報入れること。

◎退社時間
仕事がないからといって退社時間前にパソコンをオフにして帰り支度をするのはいけません。

会社に遅れる！

遅れる理由はごまかさない
遅れることが分かった時点で会社に電話をして謝罪。理由は明確に伝えなければなりません。

・寝坊は…
始業10分前には連絡。出社したら謝罪を。

・電車遅延…
ホームから連絡を。遅延証明書を必ず提出。

どんなときでもウソは禁物
寝坊したのにウソをつく、残業が嫌だからと用事があるふりをする…。発覚したら最悪です。

アポに遅刻する

先方の都合を確認して対応
遅刻は厳禁。やむを得ない場合は先方に連絡を取り、時間をずらすか日を改めるかを相談します。

こんなときは…

◆ 先輩が残業している
手伝えることがないか確認し、なければあいさつをして帰宅。だらだら会社にいてはいけません。

◆ どうしても定時に帰りたい
前もって上司に伝えて根回しを。ただし、用事があっても業務がたまっているなら残業すべき。

◆ 体調が悪い
本当につらいなら上司に相談して病院に行きましょう。我慢して会社に残っても迷惑がかかります。

新入社員の帰り方

① 先輩にお伺い立て
「言われた仕事が終わっていたら、何かほかにお手伝いすることはありますか？」

② 一言あいさつをして退社
「特に仕事がないと言われたら」「すみません、お先に失礼いたします」

オフィスでの態度

・姿勢を正す

歩くときはもちろん、デスクに向かうときも背もたれに寄りかからず、背筋を伸ばします。

・周りを意識

独り言や物音で、周囲の集中力を乱してはいけません。特に電話をしている人の近くでは静かに。

・電話を取る

電話を取るのは新人にとって重要な仕事の一つです。誰よりも早く受話器を取るつもりで。

・雑用は進んで行う

お茶出しや片付け、洗い物、お使いなどとは言われる前に率先して行うと、社内評価も上がります。

・呼ばれたら返事

名前を呼ばれたら返事をして呼んだ人の元へすぐに行きます。隠れる・無視するはもってのほか。

・上司を敬う

上司や先輩は仕事も人生経験も豊富。たとえ上司が年下でも敬意を払って接するようにします。

・さっさと帰らない

帰る前に、机周りの整理整頓と上司への報告を忘れずに。明日の仕事をメモにまとめておくと◎。

・勝手にいなくならない

黙って席を離れると周囲が迷惑するので、就業時間中に外出する場合は上司に許可を得ます。ボードがあるなら行き先と戻り時間を記載すること。

これはNG!

オフィスでは、前向きでやる気のある態度が好まれます。

私語
息抜き程度にはいいのですが、大声で長時間話すのはいけません。

あくび
あからさまな大あくびは不まじめでやる気のない印象を与えます。

私用
プライベートな用事や携帯メール、私用電話をするのはルール違反。

飲食
お菓子は控えて。ペットボトル飲料はコップに移したほうが無難。

喫煙
禁煙ならばもちろん、喫煙が許されていても新入社員は量を控えて。

ほおづえ
仕事に対して無関心に見られてしまいます。クセでも直しましょう。

散らかす
デスク以外に書類を広げないこと。共有物を戻さないのもいけません。

あぐら
いすに足をのせるとだらしなく見えます。足を組むのも好まれません。

第1章　基本のマナー　　社会人としての心構え

デスクを有効に使う

デスクが乱雑だと業務にも差し支えます。欲しいものが見つからないと、その分時間をロスするためです。また、適当に保管すると、大切な書類が折れたり破れたりする可能性もあるので気をつけましょう。

デスク周り
自分のデスクの周りは何も置いてはいけません。ゴミに気がついたら拾って捨て、ゴミ箱がいっぱいなら回収箱に中身を捨てましょう。

他人のデスク
他人のデスクはノータッチが基本。デスクの上の物を動かしたり勝手に引き出しを開けたりするのはタブー。

不在時の困った！
- 書類が飛びそう
  気をきかせた一つもりで勝手に引き出しにしまうと、持ち主が混乱するので重々注意しておきます。
- 資料を探したい
  帰りを待つのが一番ですが、必要なら携帯電話に連絡。通じなければ上司に判断を仰ぎます。

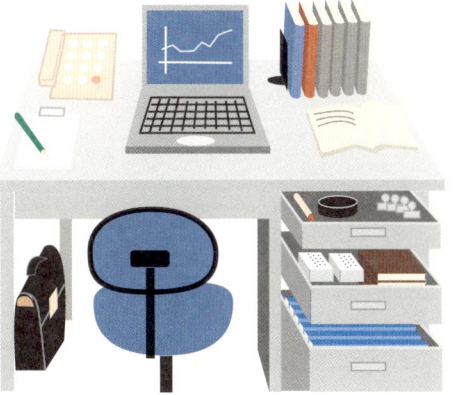

電話周り
電話は左手側に置くようにします。電話機の近くにはメモ用紙や筆記用具を用意しておきましょう。

机の下
原則的に何も置きません。ロッカーがない場合は、机の下にかばんを置くこともあります。

デスクの上
電話、パソコン、書類立てなどを置きます。書類立てにはすぐに使う書類のみを立てておきます。

引き出し
上段は印鑑やクリップなど細かい文房具、中段はファイルや名刺、下段は保管用ファイルを収納。月に1度は整理を。

ロッカーを有効に使う

ロッカーは着替えやかばんを入れる場所。他人の目には触れませんが、汚れ物をためたり乱雑に詰め込んだりしてはいけません。整理整頓を心がけ、トラブルの元となるので必ず錠をかけましょう。

私物は置いていい？
他人に迷惑をかけなければOK
多少であれば問題ありません。ですが、私物でいっぱいにするのは考えもの。入りきらないからとロッカーの上に私物を置くのは問題外です。

ロッカーがない場合は…
余計な私物は置かないように
かばんの置き場所は机の下や共用の棚など先輩たちに合わせます。仕事に直接関係のない私物は、極力持ち込まないようにしましょう。

公私混同に注意

●公私混同とは—

公私混同とは、仕事とプライベートをきちんと区別しないこと。公私混同はダメ、と分かっていても会社の文房具を自宅に持って帰るなど、小さな事柄に関しては区別しない人が多いようです。また、物だけでなく時間にも公私は存在します。会社によっては容認される場合もありますが、やらないにこしたことはありません。

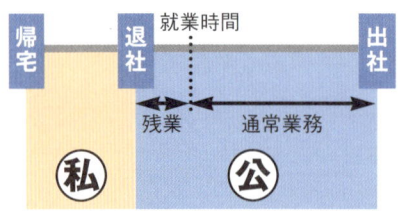

◎時間の"公"

◎物の"公"
- 設備…コピー、パソコン、電話など
- 備品…文房具など
- 料金…電気代、電話代など

実践！ "公"と"私"のボーダーラインは？

仕事が早く終わったので同僚と飲みに行く　　セーフ
就業時間が終わればプライベートな時間なので、おおいに結構です。ただし、飲み会の場で会社の愚痴や悪口を言ったり、翌日の業務に支障が出るくらいに深酒したりするのは感心できません。

オフィスにあるボールペンを家でも使っている　　アウト
ボールペンに限らず、小さな文房具は持って帰ってしまいがちですが、会社の備品であることに変わりありません。

トイレットペーパーを持ち帰る　　アウト
自宅のペーパーが切れたから、借りるつもりで会社の備品を持って帰る…。買って返したとしても周囲はいい顔をしないでしょう。

同僚にお金を借りた　　グレーゾーン
両者間で納得していたとしても、金銭のやりとりは避けるべき。「金を貸したんだから仕事を手伝え」と言われてしまう可能性もあります。

インターネットで調べ物をした　　グレーゾーン
地図や辞書など業務に関することならОＫ。ただし有料サイトの閲覧はダメ。また、会社によっては見られるサイトが限られている場合も。

会社に友人が訪ねてきたので応接室に通した　　アウト
応接室は会社のお客様を通す場所。プライベートな間柄の友人は会社の外で会いましょう。もちろん昼休みなど業務時間外に限ります。それ以外の時間に訪ねてきたら出直してもらうか立ち話で切り上げて。

第1章 基本のマナー　社会人としての心構え

取引先にいる元同級生をニックネームで呼ぶ　**アウト**
どんなに仲がよくても仕事に関する打ち合わせや連絡をするなら、名字で呼んでけじめをつけましょう。会社と関係のない飲み会や休日に会った場合はもちろんニックネームで問題ありません。

私用のため会社の電話で実家に電話した　**アウト**
どうしてもというときは許可を取ってから携帯電話で。急な残業や出張を知らせたい場合は業務にかかわることなので許されるケースも。

休日レクリエーションのお知らせをコピーした　**セーフ**
社内行事は業務の一環なので、会社のコピー機を使用して当然です。

結論　会社にとって「損」、自分にとって「得」は注意
直接損失につながらなくても結果として会社が損をすると思うことは、控えたほうがベター。

COLUMN　知らず知らずにやってしまいがちなマナー違反

ちょっとした気の緩みから周囲に迷惑をかけている場合があります。人の目を常に意識して気配りを忘れずに。

・トイレで長メイク
化粧直しはトイレでやるべきですが、長々と化粧をして洗面台を独占するのは迷惑です。

・給湯室＆ロッカールームでおしゃべり
軽いおしゃべりなら問題ありませんが、話し込んだりうわさ話をするのはNG。

・会議室でランチ
空いているからと許可なく使うのは許されないはず。急な来客などで必要になることも。

・給湯室の冷蔵庫を独占
買い置き品を冷蔵庫に入れては×。名前を書いてデザートを1個入れる程度ならOK。

喫煙のルール

喫煙所がある場合
喫煙所では、長居は進まない。灰皿の後始末などで気配りも。

喫煙所がない場合
オフィスにはたばこを吸わない人もいる。量は控えめに。くわえたばこはマナー違反です。

行くなどすればこそ。忘れずに。それ以外の場所で吸ってはいけません。

非喫煙者は喫煙者の振る舞いに敏感です。新入社員のうちは節煙にはげむこと。

これはNG!

残業中にプカプカ
残業時間中に喫煙量があまりに多いとだらだらしているように見えます。

たびたびの喫煙
何度も席を立って喫煙所に行くのは仕事に対する姿勢まで疑われます。

社外秘ということ

社員には会社の機密を守る義務があります。多くの会社はこの守秘義務が就業規則に記されていますが、規則になくても損害を及ぼすような情報は漏らさないようにしましょう。社員や顧客の個人情報は特に注意が必要です。

注意① 人込みに気をつけろ！

不特定多数の人がいる中では、会社に関することをなるべく話さないようにしましょう。社内にいる感覚で話していると、うっかり社外秘を口にしてしまうこともあるためです。特に、お酒の入る場所は気持ちが大きくなるので気をつけて。

携帯電話、メールの落とし穴
携帯電話は他人に会話を聞かれていると思うこと。メールものぞかれやすいので注意。

注意② 重要データは安易に持ち歩くな！

重要な書類やデータはむやみに持ち歩かないようにしましょう。やむを得ない場合は丁寧に扱い、紛失・盗難に遭えば大問題になるので、常に所在を確かめるようにします。もし、それが顧客データであれば会社の信用問題にもかかわります。

注意③ 社内でも書類管理を怠るな！

部外の人に知られては困る内容もあります。書類を出したまま帰ったり外出したりしてはいけません。必ず引き出しにしまい、席を離れる場合でも裏返しにしておきましょう。また、自分の所属部署以外の部屋に無断で入るのはルール違反です。

社外秘、部外秘になりうる事項

新規プロジェクト
社外に発表する段階ではない事業は内密に。場合によっては部外秘扱い。

顧客情報
顧客の住所や氏名、連絡先は絶対に外部に漏らしてはいけません。

社員情報
顧客情報と同様、外部に知れると社員各人に迷惑がかかります。

給与
社員の給与額を本人以外に伝えてはいけません。経理係は注意しましょう。

製造方法
特殊な技術、製造のノウハウなど。マル秘となっているはずです。

コスト、原価
社外の人に会社がどの程度利益を得ているのか知らせてはいけません。

第1章　基本のマナー　　社会人としての心構え

給与と会社のしくみ

給与明細のおもな見方

基本給 −

雇用保険料
労働者や事業主は必ず入る保険。失業した場合に保障があります。

厚生年金
国に保険料を払う年金制度。国民年金の基礎年金に上乗せされます。

健康保険料
病院にかかったときに、医療費を一部負担してくれます。

−

所得税
所得金額に応じてかかる税金のこと。給与から天引きされます。

住民税
自分の住んでいる市区町村が算出した金額が給料から天引きされます。

＋

残業代
所定時間外賃金と記載され、休日出勤分の金額も含まれます。

通勤定期券代
交通費。定期券を現物で支給されていても記されるケースがあります。

知ってる？ あなたの会社の福利厚生

福利厚生とは…
従業員の福利充実を目的に定められた制度や手当。レジャー施設割引や社内行事など会社によって内容はさまざまです。

おもな福利厚生

施設割引	従業員および家族のみ、指定のリゾートホテルやレジャー施設などが割安で利用できます。中には、映画観賞や会員制フィットネスクラブの会費が割引になるケースもあるので、チェックしましょう。
住宅手当	一人暮らしや扶養家族がいる人に住居費を援助する手当です。
スクール割引	指定のカルチャースクールの受講代が割引になります。
保健優遇	会社負担の法定健診など。会社によっては人間ドックが割引に。
昼食手当	1日300円など、昼食代として定額が給与に含まれる会社も。

おもな部署と役割

○**営業部**
会社で扱っている商品やサービスを外部に売り込む部署です。

○**物流部**
会社で扱う商品の配送手配をしたり、在庫を管理したりする部署です。

○**広報部**
会社の事業やイベント、商品をマスコミなどを通じて世間に知らせる部署です。

○**人事部**
社員の採用や異動を担当する部署。人材育成を担当する場合もあります。

○**庶務部**
文房具や名刺の補充や配給など、さまざまな雑務を担当する部署です。

○**総務部**
会社全体をつかさどる部署です。広報部、人事部が兼ねている場合もあります。

○**経理部**
会社でのお金の動きを管理し、まとめる部署です。

など

エレベーターと廊下のルール

社内や社外の人も利用するエレベーターや廊下での振る舞いは、オフィス内以上に気をつけましょう。

エレベーターでのマナー

周囲への気遣いを大切に

降りる人優先なのは一般常識。新入社員はさらに、「上司・先輩優先」と覚えましょう。乗るときも降りるときも自分は最後、乗ろうとしたエレベーターが満員なら一台見送るぐらいの心の余裕を。

乗るときの順番

1 押さえる
ドアを片手で押さえます。上司や先輩が先に乗り、全員乗り込んだら自分も乗ります。

2 乗る
操作ボタンの前に乗り、ドアを閉めます。上司に背を向けないよう、体を斜めにして立ちます。

3 操作する 
降りる人がいれば、開ボタンを押し、人が乗ってきたら階数を確認し、ボタンを押しましょう。

人が乗っていたら…
「失礼します」と言って乗ります。上座しか空いてなければ上座に立ちますが、スペースが空き次第、下座に移動します。

自分が降りるときは…
同じ階で降りる人があれば開ボタンを押しながら先に譲り、最後に「失礼します」と残った乗客に言って降ります。

エレベーターの席次
※①から順に上座→下座

操作ボタンの前に乗り、ボタンを操作します。もし別の人が⑤にいたらなるべく下座に近い場所に立つこと。

第1章　基本のマナー　　エレベーターと廊下のルール

廊下でのマナー

「譲る」精神が大切です

廊下でもすれ違うときは謙虚な態度に努めます。上司とすれ違うときは道を譲って会釈するのが基本。違う部署でかかわりのない上司でも同じことです。幹部クラスの人物なら頭を下げたまま通り過ぎるのを待ちます。

廊下での3ヵ条

端を歩く
中央を歩くと、前から来た人に結果的に道を譲ってもらうことになります。じゃまにならないよう端を歩きましょう。

音を立てない
仕事をしている人の身になれば靴音も騒音です。つま先から足を下ろし、音を立てないよう静かに歩くよう心がけましょう。

道を譲る
前方から人が来たら端によけて道を譲ります。上司だけでなく、外部の清掃業者などにも譲るようにすれば好感を持たれます。

こんな場合は…

来客を案内している
自分が来客を案内しているときに上司が前方から来たら、道を譲ってはいけません。自分がよけると来客もよけなければいけないためです。

階段で上司に会ったら
階段は外側よりも内側が最短距離となります。新入社員は、意識的に外側を歩きましょう。廊下と同様に、上司に会ったら立ち止まって会釈をします。

上司と連れだって歩く
上司と一緒に歩くときは、2〜3歩下がってついていきます。上司より役職が下の人で自分より上の人が前方から来たら、自分だけ端によけて道を譲ります。

前方から上司が来た
端によけて道を譲るだけでなく、近づいてきたらいったん立ち止まり、会釈をしながらすれ違います。「お疲れ様です」などあいさつをするのがベター。

仕事を効率よく進める

上司から仕事を与えられたら、一に返事、二に理解が大切です。また、スケジュールは必ず守りましょう。

初めての仕事

どんなことでも仕事です

新入社員の仕事といえば、コピー取りや帳簿整理など面倒な雑用ばかり。それはまだ実務にかかわるほどの実力がないためです。くだらないと思う前に、与えられた仕事を完全にこなしましょう。

仕事を任されたら、指示に従うこと。「やりたくない」と思っても態度に出してはいけません。

これはNG!

ワンマンプレー
自分勝手に暴走するのは×。特にチームで取り組むときは注意。

勝手な判断
少しでも疑問に思ったら、仕事を指示した人に相談をしましょう。

●仕事の進め方●

①依頼

上司に呼ばれたら、すぐ駆けつける

上司から仕事の説明を受ける
←
分からない点を質問する
←
最後に要点を復唱する
←
いよいよ実務に移ろう!

POINT
顔を向けるだけではダメ。メモとペンを持参すること

POINT
メモを取るのは要点のみ（目的、進め方、締め切りなど）

POINT
質問はひと通り説明が終わってから行うこと

POINT
相手が何を求めているのかしっかり把握すること

どんな小さな仕事にも、意味と目的が必ずあります。指示をした上司が、結果として何を知りたいのか、どうしてほしいのかをとらえていないと、遠回りしたり無駄な作業をしてしまったりします。

第1章　基本のマナー　　仕事を効率よく進める

 スケジュール通り進めるには
計画通りに業務が進んでいるか、一日の終わりに確かめること。遅れているようなら、上司に相談し、計画を考え直す必要があります。

●長期の仕事
「ここまでは3時に終わらせる」と一日の中で細かく制限時間を設けます。余裕を持たせると油断するのできつめの時間を設定して。

●1〜2日の仕事
 ミスを防ぐには
仕事の途中でも、必ず上司に中間報告をします。その時点でやり方の間違いに気づけば、大きく修正しなくて済むためです。

作業中に疑問が生じたら
自己判断は禁物ですが質問がたくさんあるようならなるべくまとめて。ただし、解決しないと作業が進まない疑問はすぐに聞きます。

③報告 ←　　　　　　　　　← ②段取り

仕事が終わったら
その旨を報告する

← 実務 ←

自分なりに計画を立てたら、上司に相談し、問題がないか確認する

← 段取りを決める

POINT

・優先順位
2つ以上の仕事を与えられていたら、だいたい締め切りの早い方を優先します。指示を出した上司に確認するのが確実です。

・人数
一人で進めるのなら、自分が一日にできる仕事量を考えます。数人で進めるなら、自分が終わり次第、手伝う心づもりで。

・期限とスケジュール
締め切りは厳守。期限から逆算して、いつまでにどの作業を終わらせるかを確認。どうしても無理なようなら指示を出した上司に相談して判断を仰ぎます。

POINT
完了したら必ず報告。
これがなければ未終了です！

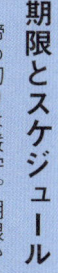

ホウ・レン・ソウの実行

どんな仕事の場面でも大切なのはホウ・レン・ソウを実行すること。さいなことですが、成功の秘訣（ひけつ）です。

ホウ・レン・ソウとは
仕事がはかどる魔法の言葉

ホウ・レン・ソウとは、報告、連絡、相談を略した言葉です。ビジネスにおいて最も重要なのは、コミュニケーション。仕事の結果はホウ・レン・ソウに左右されると言っても過言ではありません。

トラブル発生

- **報告、連絡、相談**する
  - 上司の判断により解決
  - 今後の対処法が分かる
- 自分で判断
  - さらにトラブル
  - 上司の耳に入る。上司も初耳
  - 信用が下がる

ホウ・レン・ソウ

報告
・仕事の完了
・ミス
・進行状況
　　など

連絡
・出社時間
・外部でのミス
・社内行事
　　など

上司が忙しそうにしているときは…
話しかけづらいなら「＊＊の件でご相談したいのですが、少しお時間よろしいですか」と切り出して。

相談
・問題点
・判断に迷うとき
・悩み
　　など

第1章　基本のマナー　　ホウ・レン・ソウの実行

報告のコツ

◆ **結果から話す**
上司にも仕事があるので報告は手短に。まわりくどい言い方をすると、肝心なことが伝えられません。

◆ **聞かれる前に話す**
上司に状況を聞かれる前に、自分から報告するのがデキる社員。順調でも、問題がない旨を報告します。

◆ **中間報告を怠らない**
結果も大事ですが、上司は経過も知りたいもの。タイミングは50％仕上げたころか、一日の終わりに。

COLUMN　いい報告と悪い報告どちらを先に言う？

悪い→いいの順番で
後から言われたことの方が印象に残りやすいので、悪い報告から言うべきです。逆に、いい報告を先に言ってしまうと上司を「ぬか喜び」させる結果になります。

問題を最小限にするポイント

- 早めに
- 正直に
- 正確に

> ちょっと言いづらい
> **悪い報告は…**
> 結果が悪いものでもやはり報告しなければなりません。時間がたつほど言いづらくなるので早めに。

文書での報告

```
                                平成＊年5月29日
営業本部長殿          営業部営業一課　竹本おさむ

        5月15日第3工場視察出張の報告

1. 出張先　　神奈川県第3工場
2. 出張期間　平成＊年5月28日（水）
3. 目的　　　工場の運営状況と施設の視察
4. 所感
    わが社の所有する工場のうち、最大規模というだけあ
  り、作業の工程には無駄が一切なく効率よく生産してい
  た。しかし、従業員の人数がやや多すぎるように感じた。
    これは、長年同じ体制をとり続け、退職者が出ると
  同じ人数の作業員を補充してきたためだと推測でき
  る。
    しかし、工場が出来た昭和＊年当時と現在とでは設
  備も変化しているのだし、今一度体制を見直すことが
  必要ではないだろうか。
                                           以上
```

① **主題**
何についての報告書なのかを件名で明確に記し、日付や目的を箇条書きにします。

② **結論**
それがどうなったのか、どうだったのか、結論を簡潔に記します。

③ **そうなった理由**
結論のあとに、なぜそうなったのか理由を考えて、それを記します。

④ **見解**
最後に自分がその出来事を通してどう思ったか、考えを記します。

連絡の方法

◆ 情報を共有する
新情報や出来事は伝える義務があります。数人で同じ仕事を進めているなら、なおさら密な連絡が必要です。

◆ 理解してから伝える
右から左へ情報を流すだけでは意味がありません。情報を理解することで相手にも伝わりやすくなります。

◆ 情報をゆがめない
伝えられた情報はなるべくそのまま連絡します。自分の解釈や意見を加える必要はありません。

連絡のパターン

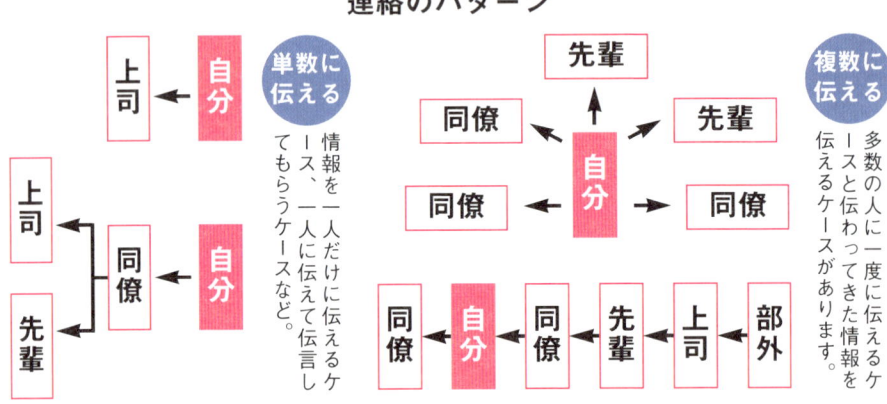

単数に伝える
情報を一人だけに伝えるケース、一人に伝えて伝言してもらうケースなど。

複数に伝える
多数の人に一度に伝えるケースと伝わってきた情報を伝えるケースがあります。

連絡ツールいろいろ

	メリット	デメリット	単数	複数
口答	複雑でない内容なら、すぐに伝えられます。	複雑な内容だと正確に伝わらない可能性も。	○	△
文書（回覧）	紙面で確認しやすく手間もかかりません。	一人が止めると情報が行き渡りません。	×	◎
メール	一度に送ることができ、正確に伝わります。	メールを送ったことを伝えなければ不確実。	◎	◎
FAX	ほかの部署や社外の人への連絡に便利。	同じ部署内では不可。機密事項には不向き。	○	×
電話	社外やほかの部署の一人への連絡には最適。	込み入った内容は伝わりづらいので×。	○	×

第1章　基本のマナー　　ホウ・レン・ソウの実行

相談の重要性

◆**少しでも迷ったら相談**
経験の少ないうちは、判断に迷うことも多いはずです。勝手な行動が大きなミスにつながる場合も！

◆**結論の出ている事柄は相談しない**
意見や考えがないのもよくありませんが、すでに結論が出ていることを相談するのは相手に失礼。

◆**結果報告は必ず！**
相談にのってもらったら、きちんと結果を伝えないと失礼にあたります。お礼も忘れずに。

嫌がられる相談はコレ！

間とタイミングを考えない
相談を受ける人にも仕事があります。話しても大丈夫かどうか確認してから相談を始めましょう。

自分の考えがまったくない
迷ったら相談と述べましたが何も考えずに相談するのはいけません。まず自分なりに熟考すること。

問題点がまとまっていない
相談する前に問題点を整理し、現状を把握して伝えましょう。ただし、要点はまとめて簡潔に。

応用編　仕事の依頼の仕方

フォロー	依頼するときは…	誰に頼む？	どんなとき？	
必ず「ありがとうございました。助かりました」とお礼を言うこと。金銭や物をあげる必要はありません。	相手が先輩であっても、依頼する仕事内容、期限、目的など細かく説明しなければトラブルが起こります。	上司に自分の現状を伝え人員増を相談します。勝手に同僚に依頼するのはNG。まして残業させるのは論外。	どう考えても締め切りに間に合わない、突然ほかの仕事が入ってきた…など期限を守れないと判断したとき。	あきらかに自分のできる範囲を超えているなら人を頼ることも大切。「終わりませんでした」はかえって迷惑。
・どんな事情でもお礼を！	・目的、作業内容を明確に ・期限を示す	・上司に判断を仰ぐ	・自分一人では手が回らない ・急な仕事	

会議に出席する

会議は戦略や方針を決める大事な場。出席するからには、黙っていないで自分の意見や考えを述べましょう。

会議の意義

参加者という自覚を持って

会議は部内や部外の人間が集まり、情報を交換したり問題を解決したりする場です。新入社員が討議に参加することはまれかもしれませんが無関心ではいけません。会議の前には下調べをし、自分なりの意見や考えをまとめておくべきです。

会議の種類

規模
- 部内
- 社内
- 社外

テーマ
- 問題討議
- 情報伝達
- 定例

最近では…
- テレビ電話
- 電子メール
- インターネット

ほかの支社の社員でもその場で会議に出席でき、時間短縮にもなります。

一般的な会議の流れ

司会	自分
テーマと目的の説明	・討論のテーマや趣旨を理解します。
↓	
発言者が意見を発表	
↓	
討議	・自分が発言しなくても討論内容に耳を傾け、真剣な態度で臨んで。
↓	
まとめ	・司会者がまとめた内容はメモを。次の会議日時を知らせる場合も。
⋮	
後日 議事録作成	

36

第1章 基本のマナー　会議に出席する

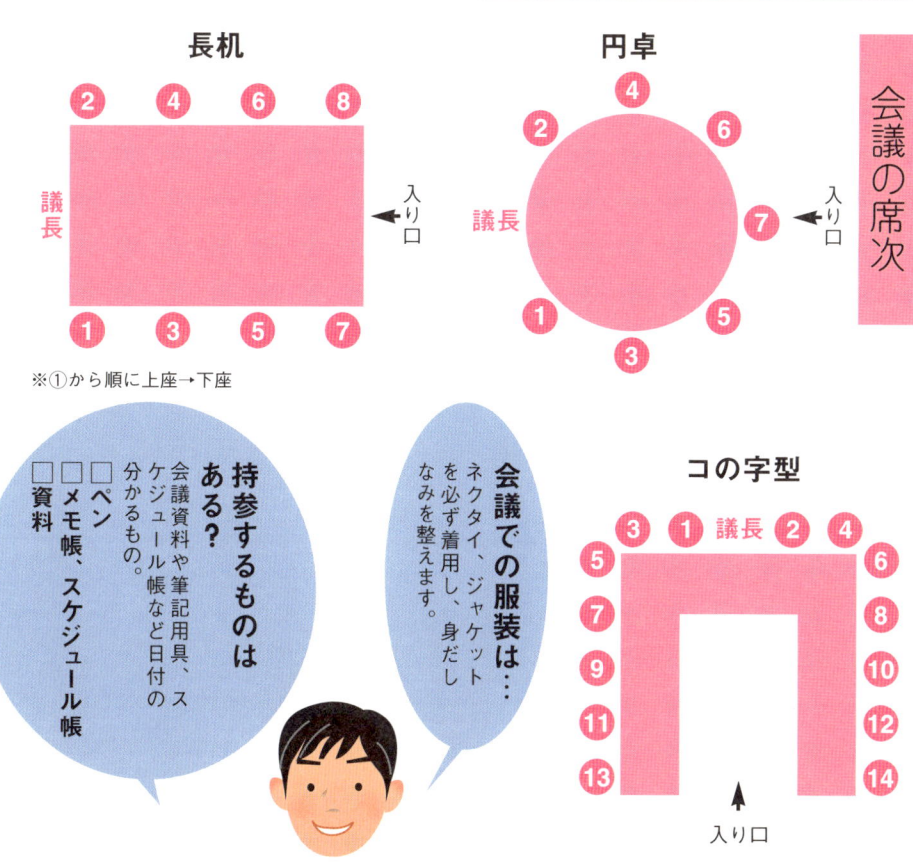

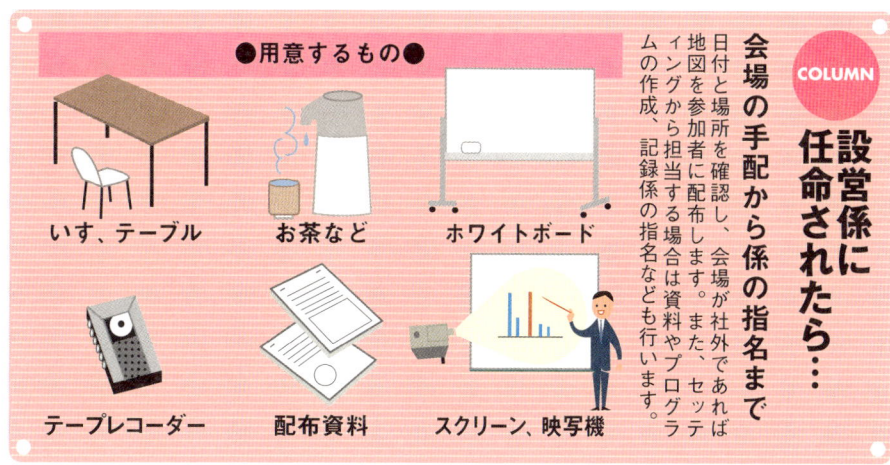

会議の席次

長机

議長席を上座として、①②③④⑤⑥⑦⑧の順（入り口から遠い側が上座）

※①から順に上座→下座

円卓

議長席を中心に①②③④⑤⑥⑦の順

コの字型

議長席を中心に①②③④⑤⑥⑦⑧⑨⑩⑪⑫⑬⑭の順（入り口は下方）

持参するものはある？
会議資料や筆記用具、スケジュール帳など日付の分かるもの。
- ペン
- メモ帳、スケジュール帳
- 資料

会議での服装は…
ネクタイ、ジャケットを必ず着用し、身だしなみを整えます。

●用意するもの●

- いす、テーブル
- お茶など
- ホワイトボード
- テープレコーダー
- 配布資料
- スクリーン、映写機

COLUMN　設営係に任命されたら…

会場の手配から係の指名まで

日付と場所を確認し、会場が社外であれば地図を参加者に配布します。また、セッティングから担当する係がある場合は資料やプログラムの作成、記録係の指名なども行います。

会議の準備

① テーマに沿って下準備する

会議に参加するということは議題に関して、自分も何らかの役割があるということ。テーマを理解し、役割をとらえて準備をしましょう。

② 過去の議事録にも目を通す

初めて参加するときは過去の議事録を前もって閲覧し、流れをつかんでおきます。

③ 自分なりに質問を考える

慌てないように、書面にしておくとベター。議事録に残るので発言には責任を持つこと。

会議中は…

・参加者の自覚を持つ

開始5分前には席に着くこと。司会者と発言者の意見をしっかりと聞くようにします。会議中にほかの仕事をするのはもってのほか。

・積極性を見せる

発言のタイミングがつかめない場合でも、発言者の方に顔を向けたり、メモを取ったりするだけで意欲的に見えます。

・意見を聞かれたら

大声ではっきりと結論から述べます。意見がまとまっていない場合は、正直にその旨を話します。

・人の考えを聞く

自分の意見を押し通すようなマネをしてはいけません。意見交換をして、まとまらないようなら譲歩することも大切です。

・司会者に従う

司会者の議事進行を妨げてはいけません。また、会議で発言が許されるのは司会者に指名された人のみ。意見があるなら挙手をします。

これはNG!

中座する 
やむを得ないなら、発言中以外に一言断りを。

発言をさえぎる 
人の意見は必ず最後まで聞きましょう。

罵倒する 
個人を集中的に攻撃し、ヤジを飛ばすのは最悪。

すべて"賛成" 
意見がないよりタチが悪く、会議の意味なし。

居眠り 
目を閉じているだけでも、誤解されます。

意見がない 
参加者としての自覚がなく評価もダウン。

会議では「われ関せず」の態度もヒートアップしすぎるのもいけません。遅刻と中座も嫌がられるので注意！

第1章　基本のマナー　　会議に出席する

会議議事録の作り方

会議議事録とは
会議のテーマ、審議経過、議決事項を記した会議の記録です。あとから見ても会議内容が明らかなように、任命された記録係が作成します。

〔注意点〕
人名、数値に誤りのないよう改行などで見やすくまとめること。定型があればそれに従います。

〔2枚目以降〕

1. 開会（10時00分） ― ❹

2. あいさつ

3. 営業成績の報告と推移について
・伊藤営業本部長　今月の第3営業課の成績ですが、前年と比べて約0.2％の増加が見られました。ですが、今主力である「ウーマンパワー保険」の成績は伸び悩んでいます。　❺

5. 閉会

　　　　　平成＊年6月15日
　　　　　　記録者　島田耕作 ㊞　❻

〔1枚目〕

定例営業会議議事録 ― ❶

開催日　平成＊年6月5日（月）
開催場所　第2会議室
出席者　伊藤正浩、鈴木正信、田中よしお、
　　　　渡辺和夫、田口登、松田良介、
　　　　山本貴之、浅野剛、前島克明
　　　　加藤恵美、笹田俊子、高橋亜由美、
　　　　川添のり恵、北原敬吾、島田耕作
欠席者　馬場光彦、吉田幸弘（海外出張のため）　❷

次第
1. 開会
2. あいさつ
3. 議事
　（1）営業成績の報告と推移について
　（2）新規開拓方法の見直しについて
　（3）新商品「だるま保険」のPR方法、販売促進について
4. その他
　営業車の使用許可作業の改善
5. 閉会　❸

❹ ③で示した項目の詳細。開会、休憩、再開の時間を明記
❺ 発言者の氏名と発言内容を明記
❻ 最後に議事録を作成した日付、記録者の氏名を明記

❶ 何についての議事録か
❷ 会議報告書（P133）と同様に
　日付
　場所
　出席者と欠席者
　の順に記す
❸ 会議の流れ（プログラム）を簡潔に明記

休暇を取るときの心得

年次有給休暇とは法律で認められた休暇。休みがあるから仕事も頑張れるもの。タイミングを見て上手に利用を。

休暇の必要性

譲る心を忘れずに上手に利用しましょう

半年ほど働くと、規定の日数の年次有給休暇が与えられます。このほかにさまざまな休暇を定めている会社も。休みを取るときは、繁忙期を避けるのが鉄則。好き勝手に休むのは迷惑行為です。

有給休暇を使うタイミング

連休とつなげて	外せない用事	体調不良
連休の中日、夏季休業前後など。	友人の結婚式、親族の法事など。	有給休暇がなければ欠勤扱いに。

おもな休暇

短期	年次有給休暇	6ヵ月以上継続勤務し、決められた労働日の8割以上出勤すると与えられます。初めは10日、1年ごとに与えられる日数が1日ずつ増えます(上限20日)。2年間有効。
	慶弔休暇	自分の結婚、妻の出産、親族の死亡など慶弔のあったときに許可される休暇です。
	リフレッシュ休暇	勤続年数が規定に達したときに一定日数与えられる休暇です。
	生理休暇	女子社員に限り、生理日で仕事をするのがつらい場合に取れる休暇。無給の場合も。
長期	産前産後休暇	出産予定日42日前から産後56日までのお休み。有給かどうかは会社により異なります。
	育児休暇	育児・介護休業法で定められた休暇。1歳未満の子どもを育てる場合に適用されます。
	介護休暇	育児・介護休業法で定められた家族に介護の必要がある場合に許される休暇です。

第1章　基本のマナー　　　休暇を取るときの心得

休暇の取り方

休暇を取ると決めたら…

①業務に差し支えないか確認

仕事に区切りをつけるのはもちろん、他の人が休まないかも確認。特に、飛び石連休の中日などは話し合いが必要です。また、社内行事の日も極力避けましょう。

休暇届を書く前に、休暇を取っても問題ないか、口答で上司に確認します。

②申請

↓

上司

↓

③承認

休む理由は休暇届に書く義務はありませんが上司には伝えておくこと。

④引き継ぎをしっかり行う

休みの前日には仕事の引き継ぎをします。自分がいなくても業務が滞らないようにするのが重要です。

- 連絡待ちの事項
- 進行中の事項
- 今までの状況

休みの翌日は…

遅刻は厳禁
翌日の遅刻は目立ちます。前日の帰りが遅かったといっても言い訳になりません。

気を引き締める
気持ちの切り替えをきちんと。普段以上に仕事に精を出し、公私にけじめをつけます。

あいさつを忘れずに
少なからず、他の人の負担になったはず。引き継ぎをお願いした人以外にもお礼を。

これはNG!

自分勝手に休む
都合も聞かず休むのは迷惑。特に新入社員のうちは状況を把握していないことも多いので、必ず上司に相談を。

急に休む
病欠などを除いて、休暇届は前もって提出すること。会社によっては「1週間前まで」など決まりがあります。

繁忙期に休む
有給休暇を使う最低条件は「迷惑をかけない」ということ。月末や集金日など忙しい時期は外すべきです。

有給休暇はいつ取ってもいいというわけではありません。先輩と休みたい日が重なれば、なるべく譲りましょう。

オフィスでのトラブル

社内・社外でトラブルに遭ったら、一人で抱え込まず、先輩＆上司に報告、相談するのが解決の近道です。

社内外でのトラブル

トラブル1 ミスをしでかした

おわびをした上で、次に対処法を考えます。また、ミスは必ず上司に報告すること。報告が遅くなるほど問題が大きくなります。ミスをしたら、原因を究明し、同じ間違いをしないようにしましょう。

上司に報告する

気まずさ 低 → 高
- 上司が対応する
- 始末書を書く
- 謝罪に行く
- （賠償金の支払いなど）会社が不利益を被る

●ミスをミスで終わらせない！●

ミスの原因を探る → 連絡漏れ、勝手な判断、うっかりなど原因を考察。

次に生かす → 原因が分かれば予防・対策ができ、繰り返しません。

Step Up!

トラブル2 しかられた！

しかられた理由を理解して反省を。しかってくれた人は貴重な時間を割いて指導してくれたのですから感謝の意を示して。非がないと思うなら、冷静に伝えましょう。

これだけは避けたい！

言い訳する — 言い訳は相手の怒りが増すだけ。

へらへらする — 上司への敬意まで疑われます。

泣く — 人前では我慢し、お手洗いへ。

反抗的 — 非がなくても反抗的態度はNG。

●上手なしかられ方●

自分に非がある → 現実を受け止め謝る

自分に非がない → 相手の言い分を聞く → 弁明する

第1章　基本のマナー　　オフィスでのトラブル

社外でのトラブル

トラブル3　突然契約を切られた

相手を不快にさせた原因が何か、考えてみましょう。フォローはきちんとしていたか、応対に不備はなかったか…。ここでも上司への相談は不可欠。場合によっては再度契約が取れるかもしれません。

上司に報告する
前後の状況や相手の態度などを整理してありのままを上司に伝え、継続すべきかどうか判断を仰ぎます。

→ 再度謝罪し、契約をもらう

→ 気持ちを切り替えて次のステップに

トラブル4　クレームがきた

クレームだと分かった時点ですぐに謝ります。原因を探ってから謝ろうとしてあれこれ聞くと相手はヒートアップするだけ。相手の言い分には反論せず、最後まで話を聞いたうえで解決の糸口を探ります。

まず謝罪する
→ **状況を聞く**
・購入した日、場所
・事件の前後にあったこと
→ **原因を説明する。**分からなければ調べて連絡
→ **相手の氏名、連絡先を控える**
→ **すぐに上司に報告する**

謝罪→原因究明→対応が基本。対応方法は相手の希望を聞いて上司に掛け合います。

電話でのクレーム対応

クレーム対処の常套句を覚えて

「わたくし、山田でよろしければお話をお伺いいたします」
「社長を出せ」と言われても代わってはいけません。話を聞き、調べて改めるか担当者に内容を伝え、直接連絡をしてもらいます。

「ご迷惑をおかけしまして申し訳ありません」
とにかく謝ることが大切。そのうえで「具体的にはどのように…」と解決策を切り出します。禁句は「そんなはずはありません」。

「このようなことのないよう、以後気をつけます」
話がまとまったら、最後に一言添えます。さらに「今後ともよろしくお願いします」と関係を続けたいという気持ちを伝えます。

社内トラブル

トラブル5 不倫
面白おかしくうわさにしない

自分が不倫するのは論外です。もし、社内に不倫している人がいても首をつっこまず、かかわらないようにしましょう。うわさ話を広めるのも感心できません。

トラブル6 いじめ
エスカレートしてきたら相談

真に受けないのが一番。度がすぎたいじめや精神的苦痛が大きいなら上司に相談を。異動など配慮をしてもらえるかもしれません。

トラブル7 しつこい誘い
代案を伝えて対応を

何度も断るのが気まずければ、夜の食事の代わりに翌日のランチを提案する、別の社員も誘うなど「夜」「二人きり」を避けるようにして、誘いに応じるようにしましょう。

相手が取引先なら…
自己判断せず上司に相談すること。誘いに応じても応じなくてもトラブルになる可能性があるので、軽率な行動は控えるようにします。

トラブル8 オフィスラブ
私的な感情は抑えましょう

もし自分が当事者なら周囲に気を使わせないよう公私のけじめをつけます。結婚は話が具体化するまで公表すべきではありません。人の恋愛関係を知ってしまった立場なら、言いふらすようなマネはせず、温かく見守りましょう。

トラブル9 盗難・紛失
騒ぎ立てず冷静に処理を

部署の仲間は疑われているような気持ちになるので、大騒ぎしないこと。犯人捜しはやめ、部署の責任者だけにそっと伝えておきます。また貴重品は持ち歩く、ロッカーや机には鍵を掛ける、高価な品は身に着けないなど、日ごろから防犯意識を持ちましょう。

第1章　基本のマナー　　オフィスでのトラブル

トラブル10 セクハラ

嫌だと思ったら意思表示を

セクシュアルハラスメント=性的嫌がらせを受けたら、不快だと伝えるべきです。ただし、何でもかんでも「セクハラ！」とツンケンしないで、多少のことは受け流す器量も必要です。また、「オヤジ」「男のくせに」といった女性の発言もセクハラと見なされます。

男のくせに…

セクハラには2種類あり！

A 環境型セクハラ

性的な発言、ボディータッチなど女性を不快にさせる行動により、社内を働きにくい環境にするタイプで、視覚型、発言型、身体接触型に分けられます。対価型セクハラに比べて被害は見えにくいのですが、精神的な苦痛は大。

B 対価型セクハラ

上司が立場を利用して、条件と引き換えに肉体関係を迫るタイプ。「要求通りにしないとクビにするぞ」「オレの言う通りにすれば出世間違いなしだ」など相手の反応によって減給や降格、人事異動、解雇などの不利益を与えるもの。

注！
・セクハラの対象となるのは職場内だけでなく、宴会場や出張先、取引先も含まれます。
・セクハラの線引きは「された側が不快に感じた」かどうかです。

男性注意！ セクハラの一般例

★職場にわいせつなカレンダーを貼る（A）、★性体験を聞いたり話したりする（A）、★嫌がるのに体に触る（A）、★昇級をちらつかせて肉体関係を求める（B）、★誘いを断った女性の勤務評価を下げる（B）、★必要以上にじろじろ見る（A）、★「胸が大きい」「むちむちとした太もも」など体つきについて発言する。うわさ話をする（A）など

COLUMN パワハラについて

言葉と態度の暴力で精神的苦痛を与えること

パワハラとは、上司が部下に圧力をかけて精神的に追い詰めること。例えば「お前のような人間は会社には不要」「次やったらクビ」などの言葉の暴力やえこひいき、無視などがこれにあたります。叱咤（しった）激励との判別が難しく、加害者に自覚がない場合が多いのですが、パワハラが引き金となって心の病になり、自殺にまで発展することも。

オフィスでの人間関係

ビジネスでは多くの人とかかわります。相手ごとに呼び方や接し方に注意し、よりよい関係を築きましょう。

ポジションをわきまえる

実務を担うのは平社員

会社は上から下に経営者、管理職、平社員という図式になります。経営者が方針を管理職に伝え、平社員が実行します。新入社員はピラミッドの底辺ですが、会社の土台となっているのも事実なのです。

一般的な組織

① 代表取締役（社長）
② 副社長
③ 専務取締役
④ 常務取締役
⑤ 監査役
⑥ 部長
⑦ 課長
⑧ 係長
⑨ 主任
⑩ 平社員

新入社員のあなたはココ！

役職ごとに責任、権限が違うので上下関係を把握すること。

権力争いには…

なるべくかかわらないこと

実力者につけば後ろ盾ができますが、一度頼ると抜けることも難しく争いに負けてしまえばそれまで。人の力をアテにするのではなく、まず実力を付けるべき。

人脈開拓のススメ
目に見えない財産
人脈を築きましょう

人脈とは人と人とのつながりのこと。人脈を広げると、知恵を貸してもらえたり、相談し合ったりといざというときに助かるものです。社内に限らずサークル活動や勉強会など、プライベートで形成することもできます。ただし、自分も相手に何か与えられなければ対等な関係とは言えません。

人脈を広げる場所

・社内行事（社員旅行、懇親会など）
・カルチャースクールや趣味のサークル
・パーティー　　　　　　　　　など

46

第1章　基本のマナー　　オフィスでの人間関係

人の呼び方

同僚は「さん」、上司は役職名、社外の人には「様」を付けるのが基本です。

社外の人に対して

○○○様

相手がどんな立場でも「様」を付けて呼びます。役職があれば役職名でもかまいません。

同期、先輩、後輩

○○○さん

いつ上下関係が変わるか分からないため、男女にかかわらず「さん」付けで呼びます。

上司

○○○さん
○○○部長

慣習で「さん」付けなら従いますが社外では役職名で。役職名に「さん」は不要です。

社内の人の話題が出たら
同じ会社の人を話題をするときは、たとえ社長であろうとも敬称を付けて呼んではいけません。

自分の呼び方
男女ともに「わたし」、改まった場は「わたくし」。

ニックネームは…
「ちゃん」付けやニックネームで呼び合う会社もあります。社内では問題ありませんが、社外では控えなくてはいけません。自信がないなら、普段から「さん」付けで呼ぶ習慣を。

こんな場合は…

◆**外国の人は何て呼ぶ？**
相手の言語に合わせて敬称で呼びましょう。ただし、親しみを込めてファーストネームで呼ばれたら合わせてもよいでしょう。

◆**話し相手が会社の人の家族や友人の場合は…**
外部の人と話すときは社員は呼び捨てにしますが、当人の家族や知人には「さん」付けで。

◆**会社にも"さん"付け？**
正式な言い方ではありませんが、会話の中では相手の会社名を呼び捨てにするより「さん」付けにしたほうが丁寧な印象を与えます。

◆**自分の会社は「弊社」？**
「弊社」は文書に使う言葉。会話では「当社」もしくは「わたくしどもの会社」、「わが社」と呼ぶようにしましょう。

付き合い方（社内）

対 後輩
傾向
フレッシュマンも一年もすれば先輩に。先輩を見習ってあれこれ言ううちに「怖い先輩」と思われることも。

対策
仕事を教えたり注意したりするだけでなく、ほめることも大切。見下したような態度は反感を買います。

対 先輩
傾向
同僚といえども立場は上。新入社員が仕事を教わるのは先輩からの場合がほとんど。気が合えば強い味方に。

対策
常に感謝の気持ちを持てば良好な関係に。先輩が困っているときや雑用をしていたら進んで手伝いを。

対 同期
傾向
仲間意識が強く、またプライベートでも仲良くなるケースが多いようです。一方でライバル視されることも。

対策
足を引っ張り合うようなことは避け、助け合うこと。また、仲良くなると公私を混同しがちなので注意を。

対 アルバイト
傾向
正社員よりも責任が少ないのは事実。ですが、長年勤めているパート社員は正社員より頼りになることも。

対策
アルバイトといえども新入社員が偉そうにあごで使うのはいただけません。差別的な態度はやめましょう。

対 派遣社員
傾向
給与、業務時間が正社員とは異なるため、中には派遣社員を下に見ている正社員もいるようです。

対策
「自分の方が上」という態度は間違い。実際に、パソコンや経理のエキスパートが派遣で活躍しています。

対 上司
傾向
中間管理職で、命令や指示を下す立場ゆえに、部下に不平不満を持たれるケースも多いようです。

対策
敬意を持って接し、叱責（しっせき）は真剣に受け止めます。悪評に惑わされて悪く思うのはいけません。

付き合い方（社外）

対 下請け会社
傾向
仕事を与える側、仕事をもらう側と主従関係になりがち。ですが、お互いに尊重し合う関係が理想的です。

対策
勤続年数で言えば相手は社会人の先輩です。腰の低い態度で接してきたとしても、謙虚さを忘れずに。

対 取引先
傾向
会社にとってはお客様であるため、態度や言葉遣いに神経を使うことも。過剰な接待は癒着の原因になります。

対策
ある程度距離を取って接します。親密になりすぎると情報の漏えいや便宜を図らざるをえなくなる恐れが。

48

第1章 基本のマナー　オフィスでの人間関係

これはNG！

「会社はビジネスの場」といえども、人間関係をおろそかにしていると痛い目に遭うかもしれません。

プライベートとの混同 
仲良しの人の仕事を優先するのは公私混同。

返事をしない 
仕事ができても返事をしないのは社会人失格。

陰口 
こそこそ悪口を言うと社内の雰囲気が険悪に。

お金の貸し借り 
対等な関係ではなくなるので極力避けるべき。

無愛想 
愛想をふりまく必要はありませんが仏頂面は×。

COLUMN 異性社員との付き合い方

異性の垣根を超えて力を合わせましょう

異性の前だと委縮する、異性と話すのが苦手…という人もいると思います。ですが、ビジネスの場では性別を意識せず、お互いを認め合うことが大切です。これは昔と比べて、男女で仕事の内容に差があまりないため。女だから、男だからというような主観を押し付けるのはやめましょう。ただし、同等な関係といっても力仕事は男性が行うべきです。

お付き合いはどこまで必要？

アフター5
誘われて都合が悪ければ断ってもOK。親交が深まり、仕事もしやすくなるため、予定がないなら付き合うべきです。同僚同士ならリフレッシュできます。

年中行事
年中行事をどう扱うかは会社によってさまざま。郷に入っては郷に従えで、基本は慣習に従うこと。

●**バレンタインデー**
全員で割り勘、など例年の傾向を先輩に聞いて従うようにします。

●**年始**
年始にお神酒を飲む、というところもあれば何もしない会社も。

●**成人式**
社員に成人した人がいれば、お祝い金をあげることもあります。

●**ホワイトデー**
個々にお返しするのが普通。バレンタインデーに何もなければ不必要。

お見合い
興味がないなら断るべき。うまくいかないとしこりが残るので、軽い気持ちで応じないようにしましょう。

カラオケ
嫌なら正直に言いましょう。誘ってくれた人はよかれと思ってしているので、必ずお礼を述べること。

ビジネス力UP講座

マナーの基本は思いやりと心得る

マニュアル通りではなく臨機応変な対応を

社会人の生活には事細かなルールがあります。電話の取り方から名刺の出し方、廊下の歩き方、エレベーターの乗り方まで、さまざまな場面でマナーが求められます。こういった決まり事は丸暗記するのではなく、一つ一つの理由を考えることが大切です。

「時間厳守」についていえば、自分が遅れたり時間を守らなかったりするとその分誰かがフォローしなくてはならず、周囲に迷惑をかけてしまいます。また、だらしない服装は他人に不快感を与えるだけでなく、会社全体のイメージを損ねてしまうため「身だしなみを清潔に」と言われるのです。

このように、マナーは自分のためではなく、「人に嫌な思いをさせない」ことが基本です。なので、決められたルールに縛られるよりも相手を思いやる気持ちを優先すべき場合もあります。

たとえば、イギリスのヴィクトリア女王は、酒宴に招いたインドの王様がフィンガーボウルの水を飲んでしまったとき、自分もフィンガーボウルの水を飲み干したそうです。相手に恥をかかせないという彼女の思いやりの心こそ、細々とした決まり事をすべて完璧にこなすよりも大切なことなのです。

第2章 会話のマナー

ビジネス会話の基本

相手と自分の立場をきちんとわきまえて、会話をスムーズに進められるように努力しましょう。

自然で失礼のない会話を

話し方、聞き方ひとつで会話の雰囲気は変わります。効率的に物事を進めるためにも基本の会話術を身に付けておきましょう。大事なのは相手に対し、思いやりの気持ちを持って接することです。

COLUMN 方言があるなら直したほうがベター？

ビジネスシーンの多くは標準語を使用するのが基本です

同じ地方同士なら方言で会話が成り立ち、親近感から契約もスムーズに決まるかもしれません。一方、違う地方同士では表現の違いから誤解が生じたりなれなれしい印象を与えたりする恐れが。標準語に直す努力を。

好感度の上がる話し方

声のトーン
声のトーンを意識します
普段よりも高めのトーンで話すと明るい印象に。逆に謝罪の際はトーンを落とすなど意識的に変えると気持ちも伝わります。

しぐさ
身ぶり手ぶりで気持ちを表現
ジェスチャーを使うと聞き手に気持ちが伝わります。大げさな身ぶりでなくポイントごとに効果的に取り入れてみましょう。

言葉遣い
丁寧な言葉を選びましょう
相手にきちんと内容が伝わるように話すのが大前提。たとえ敬語が使いこなせなくても丁寧な言葉を使えば好感を持たれます。

話すスピード
自分も相手も聞きやすい速さ
一つ一つの言葉がはっきりと聞こえるように、リズミカルに話すといいでしょう。速すぎず遅すぎず、適度なスピードで。

目の動き
話し上手は視線も技アリ
人と話すときは基本的に目を見て話します。緊張するなら鼻を見てもOK。途中で書類を見るなど目線を外すのもポイント。

52

第2章　会話のマナー　　ビジネス会話の基本

会話の組み立て

会話は、言いたいことを漏らさずに伝えるのが最大のポイントです。特に、報告や商品説明などは、主題はもちろん、理由や自分の考えなど伝えるべきことがたくさん話す前に頭の中で整理しましょう。

言いたいことがある

- **主題を明確にする**
  報告なら結論、商品説明なら特徴と一番伝えたいことから話します。
- **裏付けをまとめる**
  主題に対し、その根拠を加えると主題に説得力が出ます。
- **相手に求めることは何か**
  話を通じてどうして欲しいかを伝えないと意味のない会話に。

5W2Hで相手に伝える！

5W

What（何が）
仕事や用件の内容、出来事など主題となるもの。

When（いつ）
実施期間や事件が起きた日にちや時間など。

Where（どこで）
実施場所や事柄が起きた現場、集合場所など。

Why（なぜ）
どうしてそうなったのか、理由、原因など。

Who（誰が）
企画者、製作者、出席者などかかわった人物。

2H

How to（どのように）
用件や出来事の手段や方法、解決策など。

How much（いくら）
コストや金額、予算などお金に関すること。

実際に会話をしてみましょう

「鈴木課長、パンフレット作成の件でご意見を頂きたいのですが、ただ今お時間よろしいでしょうか？」
　POINT 相手の都合を聞く。

―はい、どうぞ。

「パンフレットに使用する写真なのですが、ABC観光局より3点借りようと思っています。
　POINT 主題を初めに。

ところが、先ほど先方の担当者より連絡がありまして著作権の関係で1点につき3万～5万円の使用料がかかるというのですが」

―それは少し予算がかかりすぎかなあ。

「レイアウトを多少変更して、写真の点数を減らしましょうか」
　POINT 相手の意見を聞く。

相手の反応を見て会話を進める
表情や態度に注意しながら話します。不安そうな顔をしていたり首をかしげていたりしたら、一度話すのをやめ、相手の考えを聞いてみましょう。

立場をわきまえる
相手と自分の立場の違いを自覚しましょう。相手の立場から見た意見や考えを話すと、聞き手は自分の考えをくんでくれている、と感じるはずです。

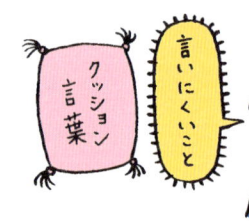

言いにくいことを伝える

クッション言葉を覚えよう

催促、依頼、拒否、命令するときに役立つのが下に記したクッション言葉です。直接的な表現を避けることで、言いづらいこともグッと伝えやすくなるのです。

・使い方の一例・

ご記入をお願いします
← お手数ですが、ご記入をお願いします

少々お待ちください
← 恐れ入りますが、少々お待ちください

こちらでは分かりかねます
← 申し訳ございませんが、こちらでは分かりかねます

ご連絡先を教えてください
← 差し支えなければ、ご連絡先を教えてください

クッション言葉いろいろ

●断るときのクッション言葉
残念ながら〜
お気持ちはありがたいのですが〜
身に余るお言葉ですが〜
申し訳ございませんが〜
あいにくですが〜
せっかくですが〜
誠に恐縮ですが〜
申し上げにくいのですが〜

●反論するときのクッション言葉
お言葉を返すようですが〜
失礼とは存じますが〜

●依頼するときのクッション言葉
お手数ですが〜
恐れ入りますが〜
差し支えなければ〜
申し訳ございませんが〜
ご面倒をおかけしますが〜
よろしければ〜
ご都合のよい時で結構なので〜
お手をわずらわせますが〜

●何度もお願いしてしまったとき
重ね重ね申し訳ありませんが〜
たびたびお手数おかけしますが〜

第2章　会話のマナー　　　ビジネス会話の基本

お願いするときのコツ
命令形を丁寧に

命令されたら誰でも不快な気持ちになるもの。命令ではなく「お願い」して「質問」することで、相手に選択の余地が与えられ、表現がやわらかくなります。

例えば…

＊＊してください
　　　↓
＊＊して頂けますか？

命令表現は「わたしはこうしてほしいのですが、どうですか？」というニュアンスに言い換えれば、相手は命令されたと感じません。

催促するときのコツ
状況を伺う

催促するということは、相手が用件を忘れているか後回しにしている状況です。「責められている」と思われないよう、決断を委ねる言い方をしましょう。

例えば…

どうなっていますか？
　　　↓
いかがでしょうか？

相手がどういう状態にいるのかを失礼のないように聞き出すことで、請求がしやすくなります。

Step Up!
相手にこう言われたら…

・「至急送ります」
お礼を告げたあと、受け渡しの具体的な日時や方法を確認します。

・「あ、忘れていたよ」
再度、締め切りの日にちなどの説明をしてから丁重にお願いします。

・「もう手配したはずだけど？」
手元にないことを伝えて、先方の手配の日時や方法を確認します。

断るときのコツ
クッション言葉をプラス

断るときは、感謝の気持ちを示しながら、断る意思を伝えます。相手の心を思いやるクッション言葉を文頭に置くのがコツです。

クッション言葉
せっかくですが
＋**きっぱり**
辞退させて頂きます

クッション言葉
ありがたいお話ですが
＋**きっぱり**
今回はお受けしかねます

感謝の気持ちを述べる言葉のあとに本来言いたいことを言うと、きつさが半減。

否定的なワードはNO！

・ありません
　→ただいま在庫を切らしております
・できません
　→そのようなことはいたしかねます
・分かりません
　→分かりかねます
　　判断しかねます
・いません
　→席を外しております

スムーズな対話の心得

対話のコツは仕事のコツ

一対一で話すときの印象は、相づちの方法や表情などちょっとしたことで変えられます。「また、この人と話をしたいな」と思われるような好感度の高い会話方法を覚えておけば強い味方になります。

（吹き出し：「ええ」「まあ」「はい」「それはそれは」）

◎相づちを効果的に

相づちは、話をきちんと聞いていることをアピールできるツール。その場に応じた相づちを使い分け、盛り上げ上手を目指しましょう。

相づちの種類

基本	「ええ」「はい」「そうですか」「それはそれは」
感心	「まあ」「すごいですね」「さすがですね」「いいですね」
謙遜（けんそん）	「そんなことございませんよ」「わたくしなどまだまだ」
ねぎらい	「大変でしたね」「お疲れ様でした」「がんばりましたね」

タイミングも大切
相手と呼吸を合わせて
話すスピードやテンポに合わせて相づちを打ちましょう。余計な間が空いたり、早すぎたりすると、相手の話をする気を損ねてしまいます。

◎顔と声に表情をつける

話すときは背筋を伸ばして顔を上げます。また、悪い報告のときは神妙な表情を作るなどその場に応じた態度をとりましょう。

・うれしい報告…
はきはきとした声と、明るい笑顔で会話をしましょう。

・ミスをしてしまったとき…
心から反省していれば自然と真剣な表情になります。笑顔は厳禁です。

・商品説明…
大切な箇所では相手の目を見て、声に強弱をつけると話に起伏が出ます。

・契約など大事な話…
おどおどした態度は禁物。顔を引き締め、一言一言はっきりと。

・相談を受けているとき…
体を相手に向けて深くうなずきながら話を聞き、真剣な態度を取ります。

◎視線の位置

視線は相手の目にきちんと合わせるのは前述した通り。特に、要点を話すときは目を見ると効果的です。

第2章　会話のマナー　　ビジネス会話の基本

◎スマートな受け答えをする

同意の受け答え
相手の意見に賛成するときは、あいまいにせずに、はっきりと同意の意を表しましょう。

『はい、わたくしもその意見に賛成です』

不同意の受け答え
すぐに否定せず、相手の意見で肯定できる部分を伝えてから自分の意見を述べると、反感を買いません。

『そうですね、わたくしもA案でしたら完成度の高いものができると思います。けれどB案は時間こそかかりますが、低予算で生産できますし、他社との差別化が図れると思うのですが』

> 一度は相手の意見に賛成し、気持ちをくみ取ること！
> **POINT**

相手の話をうまく引き出す

聞き上手を目指そう！

「聞く力」はビジネスマンにとって代え難い財産。相手の話をよく聞くことで有益な情報を得られるほか、思いがけない話を引き出すこともできます。聞き上手は得をするのです。

❶ 話をさえぎらない
相手の話に口を挟むのは大変失礼なこと。相手の話す気を失わせる要因になります。もし聞いているうちに何かひらめいても、相手が話し終わるまで待ちましょう。

❷ 真剣な態度をみせる
どんな相手の話でも、一生懸命に聞くと相手の気持ちを高揚させ、話し手の口をなめらかにします。逆に、髪をいじったりペンをもてあそんだりするのは、集中力散漫な印象を与え、深い話は聞けません。

❸ 何にでもうなずかない
どんな話にでも了承する「イエスマン」は軽薄な印象を持たれます。話し手にとって張り合いがなく、適当にあしらわれていると思われかねません。話を聞きながら、自分の考えや印象は正直に伝えましょう。

❹ 質問や意見で話を進める
知らないことは質問し、同意でも反対でもきちんと意思表示をしながら、話を発展させていきましょう。話に興味を持つことで相手に好感を与えます。

❺ 相づちにも5W2H
何が、なぜ、いつ、どこで、誰が、どのように…など、相づちにも5W2Hを取り入れましょう。こういった質問は相手も答えやすく、こちら側も正確に話を掘り下げることができます。

❻ 知っていることも聞いてみる
自分が知っていることが話題にのぼった場合でも、あえて相手にその事柄について尋ねることも高度なテクニックの一つです。しかし、これはある程度の知識があるときにだけ有効なので注意。

敬語をマスターする

会話に文書にと、ビジネスマンは敬語を使えなければ始まりません。習得するには実践あるのみ！

相手を敬う気持ちを忘れずに

話題にのぼっている人物や話している相手に敬意を示すのが敬語。間違いやすく、使いこなすには慣れと訓練が必要です。特に新社会人は、今まで使う機会がなかったからこそ、正しい敬語を覚えたいもの。ただし、正しい敬語を使えても、態度が不遜（ふそん）ではかえって反感を買うことになります。

敬語は大きく分けて3種類

尊敬語、謙譲語、丁寧語があります。敬語を使うときは、どれにあたるか考えながら話しましょう。

尊敬語
敬語の基本中の基本
敬うべき相手を見極めて

上司や先輩、顧客など自分より目上の相手の動作や状態、所有物などに対して使い、相手への敬意を示す表現です。敬語の基本となるのはこの尊敬語です。

謙譲語
自分を低くすることで
相手をたてます

謙譲語はへりくだった言い回しのことです。上司、先輩、取引先など自分より目上の人と話すときに自分や自分の身内を低く見せて、相手への敬意を示します。

丁寧語
プラスするだけで一気に
丁寧な印象になります

「ます」「です」などを使い、言葉遣いを丁寧にします。また、名詞に「お」や「ご」を付ける表現は、丁寧語と区別して「美化語」と言われることがあります。

尊敬語と丁寧語の違いは何？

一番の違いは対象。自分に対して使うのは間違いですが、丁寧語はどんな場合でも使えます。

例えば…
× ご覧になられる
× お話になられる
× おっしゃれる

敬語同士は重ねてOK？

敬語をダブらせるのは間違い敬語のひとつ

相手への敬意を意識しすぎると二重に敬語を使いがち。ですが、それは間違った言い方です。例えば、「ご覧になられる」は「ご覧になる」で十分なのです。

第2章　会話のマナー　　敬語をマスターする

敬語を使う対象を頭に入れる！

尊敬語、丁寧語… 相手を持ち上げる（自分 → 相手）

取引先、社内の上司、先輩、顧客

新入社員のうちは仕事を通して会う人は、ほぼ目上の人なので、誰と話すときにも尊敬語を使えば失礼にはあたりません。また、下請け業者など理屈で言えば下になる人にも、尊敬語を使うべきです。

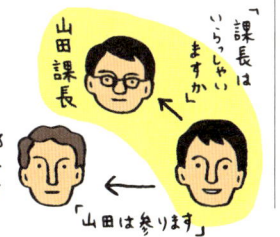

謙譲語… 自分がへりくだる（自分 → 相手）

自分、自分の家族、他社に自社のことを話すとき

自分や自分の家族に対しては、へりくだった表現の謙譲語を用います。通常、敬語を使うべき相手である自社の上司や先輩についても、相手が外部の人と話すときには謙譲語を使わなくてはいけません。

注意　同じ会社の人間はシチュエーションによって謙譲語の対象に！

外部の人に上司のことを説明する機会もあるでしょう。その場合、最も敬意を払うべき相手は、話し相手の外部の人です。そのため、話に登場する上司に対しては謙譲語を使わなければいけません。

・課長との会話
「山田課長は、何時にいらっしゃいますか？」

・部外者との会話
「課長の山田は3時に参ります」

（イラスト：山田課長／部外者　「課長はいらっしゃいますか」「山田は参ります」）

Step Up!　「お」と「ご」の使い分け

名詞に付けて使い方を学んで名詞の文頭に付けて丁寧な言い方にするのが「お」と「ご」。「お」は訓読み言葉に付けるのが原則です。中には、電話のように音読み言葉に「お」を付けるものがあるので注意しましょう。

「お」を付ける言葉
お電話、お酒、お手伝い、お言葉、お時間、お帰り、お手洗い、お車、お気持ち、お考え　など

「ご」を付ける言葉
ご伝言、ご心中、ご来社、ご加減（お加減）、ご在宅、ご返事（お返事）、ご心配、ご登録、ご名答、ご相談　など

「お」も「ご」も付けてはダメな言葉
「お」や「ご」はどんな名詞にも付けていいというわけではありません。コーヒーなどの外来語、自然現象や公共物、動物・植物などには基本的には付けません。

尊敬語の作り方

1. 動詞＋れる、られる
2. 動詞＋くださる
　※「お」「ご」が付く場合 ×れる、られる
3. 「お」「ご」＋動詞＋になる
4. 「お」「ご」＋動詞＋くださる

〔例文〕
- 課長がいる
　→課長がいらっしゃる（1）
- 課長がくれる
　→課長がくださる（2）
- 課長が使う
　→課長がお使いになる（3）
- 課長が話してくれる
　→課長がお話しくださる（4）

例文は対象が課長なので自分よりも地位が高くなります。よって課長の行動は尊敬語で表さなければなりません。行動のほかに、所有物や状態などにも敬意を示す必要があります。ただし、「お」、「ご」を付けたときに、「られる」などとするのは間違い。

自分より地位が高い人

謙譲語の作り方

1. 動詞＋（させて）頂く
2. 動詞＋差し上げる
　※「お」「ご」が付く場合
3. 「お」「ご」＋動詞＋いたす
4. 「お」「ご」＋(相手の)動詞＋頂く
5. 「お」「ご」＋動詞＋申し上げる

〔例文〕
- 便乗させてもらう
　→便乗させて頂く（1）
- 教えてあげる
　→教えて差し上げる（2）
- 手伝う
　→お手伝いいたします（3）
- 待ってもらう
　→お待ち頂く（4）
- 見送りをする
　→お見送り申し上げます（5）

上の例文は、すべて自分が主体。自分に対してはどんなときでも謙譲語を使用するのが決まりです。また、謙譲語は自分の身内の行動に対しても用いるので、状況により、上司の行動に対しても使います。

自分

60

第2章　会話のマナー　　敬語をマスターする

丁寧語の作り方

❶ 〜です、〜ます、〜でございますを文末に付ける

❷ 「お」「ご」を付ける

❸ 言葉を置き換える

置き換え前	置き換え後
あれ	あちら
これ	こちら
一応	念のため
ちょっと	少々
それじゃ	では
さっき	先ほど、先刻
明日（あす）	本日
今日	明日（みょうにち）
昨日（きのう）	昨日（さくじつ）
すぐ	早速
今	ただ今
あなた	あなた様

「お」、「ご」、「です」、「ます」にするほか、上の表のように言葉をそっくり言い換える表現もあります。自分の所有物に「お」や「ご」を付けると違和感がある場合もあるので気をつけましょう。

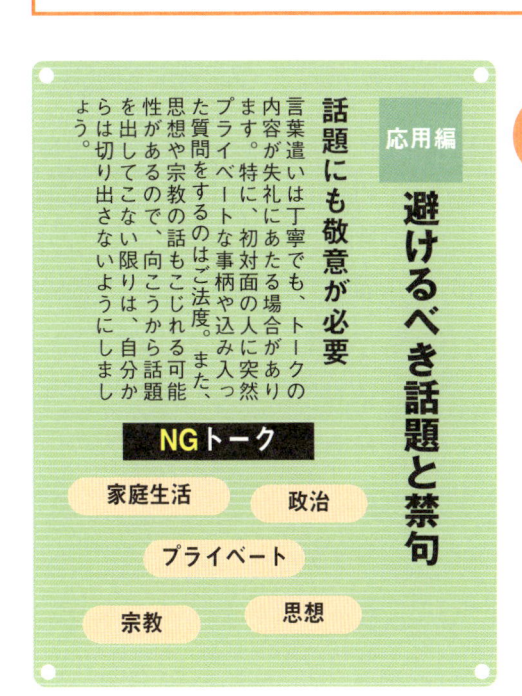

（吹き出し）文末＋です＋ます／お＋ご＋あちら、先ほど…

いっそう丁寧に聞こえる言い回しを覚えよう

・分かりました
　→『かしこまりました』

・そうです
　→『さようでございます』

・もらいます
　→『ちょうだいいたします』

・（食事を）頂きます
　→『ごちそうになります』

応用編　避けるべき話題と禁句

話題にも敬意が必要

言葉遣いは丁寧でも、トークの内容が失礼にあたる場合があります。特に、初対面の人に突然プライベートな事柄や込み入った質問をするのはご法度。また、思想や宗教の話もこじれる可能性があるので、向こうから話題を出してこない限りは、自分からは切り出さないようよう。

NGトーク

- 家庭生活
- 政治
- プライベート
- 宗教
- 思想

置き換え語一覧表

敬語は尊敬語と謙譲語の使い分けがモノを言います。下の表を参考にして、しっかり頭に入れましょう。

	尊敬語	謙譲語
する	なさる、される	いたす、させて頂く
いる	いらっしゃる	おる
言う	おっしゃる、言われる	申す、申し上げる
聞く	聞かれる、お聞きになる、（〜が）お耳に入る	伺う、承る、お聞きする、拝聴する
行く	行かれる、いらっしゃる	伺う、参上する、参る、上がる
来る	お越しになる、いらっしゃる、お見えになる	参る、伺う
帰る	帰られる、お帰りになる	失礼する、おいとまする
見る	ご覧になる	拝見する
食べる	召し上がる	頂く、ちょうだいする
読む	お読みになる	拝読する
会う	会われる、お会いになる	お会いする、お目にかかる
知る	ご存じ	存じる、存じ上げる
分かる	お分かりになる	承知する、かしこまる
持つ	お持ちになる	持参する
もらう	お受け取りになる、お納めになる	頂く、ちょうだいする、拝受する、賜る
与える	お与えになる、与えられる	差し上げる
着る	お召しになる	着せて頂く

第2章 会話のマナー　敬語をマスターする

呼びかけ一覧表

言葉をまるまる言い換える方法も大切な敬語です。これがスラッと出てくれば、敬語をマスターしたも同然。

	相手側	自分側
本人	あなた様、そちら様	わたくし、当方、こちら、小生
あの人	あの方、あちらの方	あの者
誰	どちら様、どなた様	誰
両親	ご両親（様）	両親
父	お父様、お父上（様）	父
母	お母様、お母上（様）	母
夫	だんな様、ご主人（様）	主人、夫
妻	奥様、令夫人	家内、妻
家族	ご家族、皆々様	家族、家の者
息子	ご子息、息子さん、お坊ちゃま	せがれ、息子
娘	ご息女、お嬢さん、娘さん	娘
贈答品	お品物、ご厚志	粗品、寸志（目下の人に対して）
授受	ご笑納、お納め	拝受
考え	ご意向	私見
自宅	お住まい、ご自宅	拙宅、小宅
文書	ご書面	書面
同行者	お連れ様	同行の者

言ってしまいがちな NG敬語

×対象の間違い
一番してしまうのがこの間違い！
敬語で最も重要であり難しいのは、尊敬語と謙譲語を使い分けることです。左の例は謙譲語の「おる」を、尊敬語の対象となる外部の人に使ってしまっています。また、外部の人は「さん」ではなく「様」付けで呼びましょう。

× 『安田さんはおりますか?』
○ 『安田様はいらっしゃいますか?』

×お世話様です
一見丁寧ですが実は失礼
「お世話様」は何かしてもらったときに、ねぎらいの言葉としてかけるものです。通常は目下の人に使うため、目上の人に使うと、失礼だと思われてしまう可能性もあります。

×ご苦労様です
上司に使うのはNG！
「ご苦労様」のような慰労の言葉は、目上の人から下の人に向けて使われる言葉なので嫌われます。「お疲れ様です」もねぎらいの言葉なのですが、こちらは許されている風潮があります。

×『すてきなソファでいらっしゃいますね』
物には敬語を使いません
いらっしゃるというのは「いる」の尊敬語。ソファは物なのでこの表現はふさわしくありません。丁寧な言い方にするときは「です」を付けましょう。

○『すてきなソファですね』

×『お話ししてください』
相手に命令してはいけません
「して」は相手に命令をする言葉です。「ください」には「こうしてほしい」というニュアンスが含まれるので、それだけで十分に伝わります。

○『お話しください』

×『お仕事をします』
「お」「ご」は慎重に使って
名詞に「お」や「ご」を付けるのは言葉遣いを上品にする表現です。相手に対して使えば尊敬の意を示しますが、自分に対して使うと稚拙な印象に。

○『仕事をします』

COLUMN

最近話題のコンビニ・ファミレス敬語

マニュアル化されたバイト敬語は間違い敬語の宝庫です！
会計をちょうど支払っているのに「預かる」と言ったり、「〜でよろしかったですか」と現在なのに過去形にしたりと、おかしな敬語が増えています。聞き慣れていると違和感がないかもしれませんが、見習わないのが賢明です。

よく耳にするコンビニ・ファミレス敬語
× 1万円ちょうどおあずかりします
× こちら、コーヒーになります
× ご注文は以上でよろしかったですか

カレーライスのほう？

第2章 会話のマナー　敬語をマスターする

絶対使う！　ビジネスフレーズ集

ビジネスの場面で頻繁に出てくる基本フレーズはまずは丸暗記してしまいましょう。使ううちに慣れてくるはずです。

・声をかけるとき

お忙しいところ申し訳ありません
仕事を中断させて申し訳ないという気持ちを伝えてから話を始めます。

ただ今お時間よろしいでしょうか
忙しそうにしている人には、まず相手の都合を確認してから話します。

お話し中、大変失礼いたします
話をしている人に、どうしても話しかけなければいけないときに。

・相手の意見を聞くとき

いかがでしょうか
上司や目上の人に、自分の意見を提案するときに使います。

いかがなさいますか
相手がこれからどうしたいのか、要望や希望を尋ねるときに使います。

いかがいたしますか
自分がどうすべきなのか、相手に判断を委ね、意見を求めるときに。

・電話で…

お世話になっております
ビジネスあいさつの枕ことばとしてよく使われる基本フレーズです。

少々お待ちください
電話や面会の取り次ぎなど、相手に待ってもらうときに使います。

あいにく席を外しております
当人がいない、見当たらないときに「いません」の代わりに使います。

電話かけのルール

電話をかけるときには、自分の都合だけでなく、相手の状況を思いやる気持ちが大事です。

ルール① タイミングを考慮

心地よい声の応対を

電話は顔が見えないため、声だけで印象が伝わってしまいます。こちらも相手の気持ちを声から察しなければなりません。普段以上に丁寧な対応を心がけましょう。

間が悪いと迷惑です

忙しい時間帯にかかってくる電話は迷惑そのもの。また、昼休みに電話を取るのを嫌がる人もいます。先方の業種によってかける時間を考慮しなくてはいけません。

かける前にすること

・**手元にメモを用意**
電話をするということは何らかの用件があるということ。聞いたことを忘れないよう、電話で話しながらメモを取る習慣を身に付けます。

・**筋道を立てておく**
話が前後し、スムーズに用件を伝えられないと相手は混乱します。まずは、項目を整理しましょう。

・**静かな場所に行く**
電話口が騒がしいと相手の声を聞き取りにくい上、悪い印象を与えてしまいます。

避けるべき時間

・**一般企業**
始業時間直後は朝礼がある場合もあるので×。

・**飲食店**
ランチ、ディナーの時間帯は絶対避けます。

・**工場**
退社時間の1時間前は忙しい場合が多いもの。

ルール② 名乗りとあいさつ

自分が名乗るのがマナー

まずは自分が誰なのかを相手に認識してもらいます。かけた側から先に名乗るのがマナーです。必ず一言あいさつを添えましょう。

あいさつ一覧

お世話になります	最も一般的。誰に対しても使えます。
先日はありがとうございました	最近お世話になった人に対して。
夜分にすみません	20時過ぎに電話をかけるときに。
ご休憩中失礼します	昼休みに用事があり、かける場合。
お疲れ様です	社内の人にかける場合のみ。

66

第2章　会話のマナー　　電話かけのルール

ルール③ 電話で話すべき内容か確認する

大切な商談は直接会って

用件によっては電話で話さないほうがいい場合があります。特に、金額の大きい取引や商談などは、聞き間違いが大きなトラブルとなるので直接会って話すべき。どんな事柄でも、一番相手に伝わりやすい手段を考えましょう。

ルール④ 相手が不在の場合は臨機応変に

かけ直すのが基本です

基本的にはかけ直します。その際に戻り時間を確認し、電話があった旨を伝えてもらうと印象に残り、効果的です。何度かけてもつかまらなければ伝言を残してもいいでしょう。ただし、複雑な話や約束ごとは伝言しないほうが安全です。

▶ **かけ直す**
戻りの予定時間に再度電話しましょう。

▶ **折り返してもらう**
先方が提案し、急ぎならお願いします。

▶ **伝言をお願いする**
簡単な内容の場合は電話口の人に伝言を頼んでもOK。連絡先も告げましょう。

電話に向かない内容
複雑な説明をしなければならないとき、初めて取引する相手、おわびや感謝を示すとき。

×　かなり複雑な内容になるのですが

これはNG!

ながら電話
何かをしながらだと集中しているつもりでも聞き漏らします。

丸めた背中
背中が丸まっていると声がくぐもり、トーンが下がります。

保留にしない
保留にしないと周囲の雑音や話し声が漏れ、相手を不快に。

課長に電話です

ほおづえ
感情や姿勢は分かるもの。やる気のない態度は声に出ます。

「どうせ見えないから」とだらしない態度で電話をするのはやめましょう。気配や声色で失礼な態度は伝わってしまうものです。

実際にかけるとき

ココも Check!

通話音量は適切か？
相手の声が小さすぎると聞こえないし、大きすぎると声漏れします。ほどよく調節して。

ディスプレイは見える？
番号が間違っていないかをディスプレイに表示される数字でチェックしましょう。

・手元に用意するもの・
- ☐ メモ、ペン
- ☐ カレンダー
- ☐ 内容に関する資料
- ☐ 相手の会社の役職名、氏名を確認できるもの

電話で話す内容が複雑であれば、聞きたい内容や伝えるべき内容を箇条書きにしてまとめておくといいでしょう。

相手の番号を押す

相手が出る
① 名乗り　『わたくし、◎◎商事の山田と申します。いつもお世話になっております』※1

② 呼び出し　『恐れ入りますが、流通部の林課長をお願いいたします』※2

担当者が出る
③ 再び名乗り　『◎◎商事の山田と申します。いつもお世話になっております』

④ 都合を聞く　『ただ今、お時間頂いてもよろしいですか?』※3

⑤ 本題　『ありがとうございます。かねてからお話しをしていました＊＊の件ですが、いよいよ本格化しましたので…』※4

話が終わったら
⑥ 確認　『それでは、5月10日の14時より、当社にて打ち合わせということでよろしいでしょうか』※5

受話器を静かに置く
⑦ あいさつ　『お忙しいところありがとうございました。それでは失礼いたします』※6

解説
- ※1 自分の会社名と名前をはっきりと告げます
- ※2 相手の部署名の名前、役職を正確に伝えて
- ※3 相手も仕事中です。電話で話してもいいか都合を聞くこと
- ※4 何についての電話なのか伝えます
- ※5 話がまとまったら要点を復唱して確認
- ※6 業務時間を割いてもらったことに対しお礼を言います

第2章 会話のマナー　　電話かけのルール

相手が不在の場合は…

高　　　　　　　　　　　　　　　　　　　低

① 戻り時間を確認
『お戻りは何時ごろを予定されていますか』

POINT
相手の戻り時間を確認しましょう。遅くなるようなら翌日改めるなど、かけ直すタイミングが判断できます。

② 用件の緊急度に応じて返事

『それではまたそのころ、おかけ直しします』

POINT
戻り時間の後でも間に合う用事であれば、折り返しの必要はない旨を伝えて、自分から改めて電話をします。

『お言付けをお願いしてもよろしいでしょうか』

POINT
FAXを送った確認を取るときや品物が届いた連絡など、担当者と直接話さなくていい用件のときに使います。

『お手数ですが、お席に戻られたら折り返しお電話頂けますか』

POINT
何度かけてもすれ違いで話せないときや、その日のうちに担当者と話したい場合などは折り返しをお願いします。

『＊＊の件なのですが、ほかにお分かりになる方はいらっしゃいますか？』

POINT
担当者以外でも分かるかもしれない急ぎの内容のとき。返答をもらえた場合はその人の氏名を聞いておきましょう。

『急ぎでお伝えしたい旨がありますので、ご連絡を取ることはできますか』

POINT
右の文で誰からも返答をもらえなかったとき。緊急を要する場合以外は外出中の人に連絡を取るのは控えましょう。

こんなときどうする？

◆保留のまま切れた
『先ほどお電話した◎◎商事の山田です』
突然電話が切れてしまったら、こちらからかけ直します。相手を責める言葉はNGです。

お礼の電話…
次の日に電話がベター
お礼は早いほうが感謝の気持ちが伝わるので当日か翌日に。

謝りの電話…
時間がたつ前にかけます
先延ばしにするほど言いづらくなるので気づいたらすぐに。

◆相手が忙しそう
『おかけ直ししますので、ご都合のよい時間を教えて頂けますか？』
話すスピードやトーンで相手の様子を把握しましょう。相手の都合を尋ねてかけ直します。

◆言い間違いに気付いた
『たびたび申し訳ありません。先ほどお伝えした見積もり金額の件ですが、訂正したい箇所がありまして、再度お電話いたしました』
すぐに相手にかけ直して謝ります。なぜまた電話をかけているのか説明を加えましょう。

◆留守電につながった
『大山様のお電話でしょうか？わたくし、◎◎商事の山田と申します。見積もりの件でお電話しました』
確認の言葉、自分の会社名、氏名、電話番号、用件を入れ、後からかける旨を告げます。

◆担当者が分からない
『恐れ入ります、商品配送の件で問い合わせをしたいのですが、ご担当の部署はどちらでしょうか？』
知りたい内容を電話に出た相手に伝えて、担当者を教えてもらいます。

電話を受けるルール

会社に入って日が浅い時期は、電話の応対がメインとなります。会社のイメージを損ねない応対を心がけて。

ルール①　コール3回以内に取る

・電話応対は新入社員の仕事。誰よりも早く受話器を取りましょう。呼び出し音は3回以内に取ることがマナー。もし3回以上鳴ってしまったら「お待たせしました」と言ってから会社名を言います。

> 5回以上待たせたら…
> 『大変お待たせしました』

ルール②　受話器は左手で持つ

・利き手は空けておいて
受話器は左手で持って、空いた右手を受話器に添えると姿勢が伸びて発声がよくなります。また、常に利き手をあけておくと、急に何かあった場合でも慌てずにメモを取ることができます。

ルール③　否定する言葉は禁止！

・否定しっぱなしはダメ
否定表現は、相手に冷たい印象を与えてしまいます。担当者が不在なら「よろしければ、折り返しお電話いたしましょうか」など代案を示すかフォローの言葉をかけましょう。

> 3大禁句
> ・いません
> ・知りません
> ・分かりません

ルール④　会社の代表という認識を

・第一印象を決める電話
電話を受けた瞬間からあなたは会社の顔です。声のトーンを高めにし、相手に好印象を与える応対を心がけて。何があっても取り乱さず、落ち着いて話しましょう。

（会社の代表）

ルール⑤　相手が誰でもあいさつ

・あいさつは基本です
相手が誰であれ、「いつもお世話になっております」など一言あいさつを。相手が名乗らないなら「失礼ですが」と名前を尋ねた上であいさつをします。

（あいさつ）

ルール⑥　敬語を使い分ける

・身内に敬称は不要です
外部の人の前では、社内の人間に敬称は付けません。また、謙譲語と尊敬語の使い分けにも気をつけましょう。

> ・社内の人間に対して敬称を付けない
> ・社内の人間に対して尊敬語を使わない

70

第2章　会話のマナー　　電話を受けるルール

実際に受けるとき

電話に出る

① 名乗り　　『はい◎◎商事でございます』※1

→ 相手が名乗る

② あいさつ　『いつもお世話になっております』※2

→ 担当の名前を言われたら

③ 取り次ぐ　『佐伯でございますね。少々お待ちください』→ 保留 ※3

→ もし自分にかかってきたなら
　　『はい、わたくし山田でございます』※4

→ 担当者が不在なら
　　『あいにく佐伯は外出しております。夕方4時ごろ戻る予定ですが、よろしければ戻り次第折り返しお電話させましょうか』※5 ※6

解説
- ※1 いつもより明るく大きな声で
- ※2 社内の人間からなら『お疲れ様です。山田です』と自分の名前を告げます
- ※3 担当者の名前を復唱し保留
- ※4 自分が指名されたら答えます
- ※5 戻り時間を必ず告げます
- ※6 できるだけこちらから電話をすることを提案します

❓ 相手が名乗らない
『失礼ですが、お名前を伺ってもよろしいですか？』
相手が名乗らなくても必ず名前と会社名は聞かなければなりません。「恐れ入りますが」、「失礼ですが」などのあとに丁重に伺います。

❓ 聞き取りにくい
『申し訳ありません。お電話が遠いのでもう一度お伺いできますか？』
声が小さい、雑音が入るなどで電話が聞こえないときは、相手のせいにせずに、「こちら側に不備があるから」というニュアンスで聞き直します。

❓ 担当者が不在で相手が急いでいる
『わたくし、佐伯と同じ部署の山田と申しますが、よろしければお話を伺いましょうか？』
自分の名前を伝えて用件を聞きます。担当者への一度連絡がつかなければ携帯電話の連絡先を取ります。もし担当者と連絡がついた場合でも「本人にそちらにお電話を入れておきます」と先方に連絡を入れておきます。

こんな電話がかかってきたら

営業の電話	いたずら電話	間違い電話
丁寧にキッパリ	**暴言は吐かない**	**まずは番号確認**
「取り次がないよう言われておりますので失礼します」と毅然（きぜん）と、しかし丁寧な対応を。	「業務中ですので失礼します」と切ります。しつこければ上司に代わってもらいます。	再度間違えないように、こちらの会社名と電話番号を相手に確認するのが親切です。

メモを残す

補足説明が必要なメモは、メモの機能を果たしていません。5W2Hですっきりとまとめましょう。

連絡漏れをメモで防止

電話を受けて担当者が不在なら伝え忘れを防ぐためにメモを残しておきます。担当者が帰社したときに自分がオフィスにいるとは限りません。ひと目で意味が通じるメモを残しましょう。また、打ち合わせ中などの上司に伝言するときにもメモが便利です。

これはNG!

分かりづらい
単語を走り書きしたものや相手の氏名だけを記したものは担当者が対処に困ります。

置きっぱなし
可能な限り口答でも伝えます。

時間や日付がない
電話を受けた日時がないのは不親切。

いつ、誰から、何の用件の電話があったのかを簡潔に伝えるのが最大のポイントです。きれいでなくても丁寧な文字を心がけて。

メモを残すときの5ヵ条

1 内容は正確に
間違えやすい事項は再確認
名前や日時は電話口で復唱し正確にメモに残します。回りくどい表現は誤解の元なので文章は簡潔に。

2 読める字である
丁寧な文字で好感度アップ
文字に自信がなくても最低限、止めと払いをきちんと書きます。数字の「0」と「6」などの書き分けも注意。

3 何時に受けたか
時間を知れば対応しやすい
担当者が偶然外から相手に電話をしていた場合、メモの時間を見れば再度かけるべきか判断できます。

4 日付を記す
いつのメモか分かるように
担当者がその日のうちにメモを見るとは限りません。いつかかってきた電話かをきちんと明記しましょう。

5 受けたのは誰か
名前を書き責任を持って
署名することで、責任の所在を明らかにします。担当者もメモに関して質問すべき相手が分かります。

第2章　会話のマナー　　メモを残す

メモの例

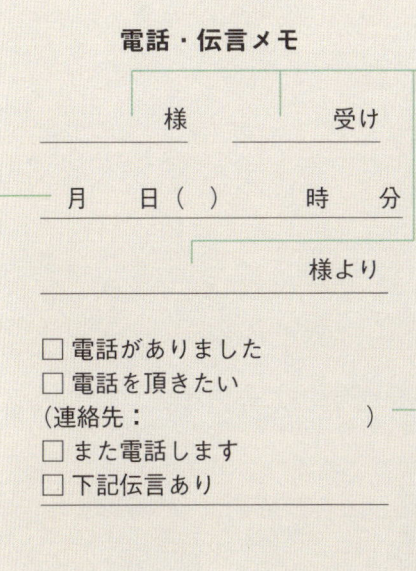

電話・伝言メモ

_____ 様　　_____ 受け

　月　　日（　）　　時　　分

　　　　　　　　　_____ 様より

☐ 電話がありました
☐ 電話を頂きたい
（連絡先：　　　　　　　　　）
☐ また電話します
☐ 下記伝言あり

これでよし！

名前
誰あてのメモか、誰が受けたか、誰からの伝言かは、どんな電話の内容でも必ず書きます。

「折り返し」の場合は必ず電話番号を
担当者でも電話番号を知らないケースがあるので明記すること。知っていたとしても名刺を探す手間が省け、喜ばれます。

5W2Hを明確に
理由(Why)、日時(When)、場所(Where)、誰が(Who)、何をするのか(What)。必要なら手段(How)、値段(How much)も。

メモの正確性をより高めるには…

- **置き場所に工夫**
デスクにただ置くだけでは書類に紛れて紛失する恐れがあります。電話やキーボードなど目立つ場所にテープで留めておけば確実です。

- **一声かけること**
電話を受けたことを覚えていたから、メモを置いたとしても声をかけ、内容を伝えましょう。担当者がメモを見落としている可能性もあります。

- **「緊急」「重要」などを書き添える**
状況を伝えるには有効。外出中の担当者に内容を「伝言済み」と書き加えます。

- **一つのメモには一つの用件のみを書く**
1枚のメモ用紙に1件以上の伝言を書くと、担当者が混乱します。また、決められた用紙があればそれを使います。

携帯電話を有効に使う

どこでも連絡の取れる携帯電話は今やビジネスにおいて必須アイテム。公私の区別をつけましょう。

便利だけど困った点も

携帯電話は、いつでもどこでも電話ができる便利な道具です。その反面、プライベートな時間でも仕事の連絡が来るといった問題点もあります。どこにいてもつながるからこそ、公共マナーや相手に対する気配りが求められます。

会社支給の電話と個人所有の電話

社用とプライベート用の電話を区別しましょう

会社によっては、携帯電話を支給される場合があります。この場合は私物の電話との区別をつけなくてはいけません。会社支給の携帯電話はオフィスにある電話と同じ。私用電話などもってのほかです。

携帯電話のマナー

基本は会社の電話対会社の電話

外回りの多い営業の人は別として、電話はかけるのも受けるのもオフィスの電話が基本です。オフィスにいて携帯電話にかかってきたら、会社の電話からかけ直すのがスマート。

携帯電話での連絡はイレギュラーと心得よ

携帯電話にかけるのは緊急時のみ。番号を知っていても、まずは相手の会社の電話へかけるようにします。外出しているかどうか確かめずに携帯電話にかけるのはルール違反です。

就業時間中の私用電話はタブー

私物の携帯電話であっても、就業時間中は私用電話をしてはいけません。もしプライベートな用事で電話がかかってきたら、保留にするか退社後にかけ直す旨を伝えましょう。

電源はオン、マナーモードが基本

商談や打ち合わせ時など電源をオフにしなければならない場面以外は電源を入れてかまいません。ただし、マナーモードやサイレントにして、周りに迷惑をかけないようにします。

商談、打ち合わせ中は電源オフ

大切な商談や重要な打ち合わせのときは、マナーモードではなく電源を切ります。かばんやポケットで携帯が鳴った場合、バイブでも音漏れがするうえ、気になって集中できません。

第2章　会話のマナー　　携帯電話を有効に使う

携帯電話の Q&A

Q1　名刺に番号が書いてある場合、かけてもいい？
A　相手に了承をもらいますかけてみて、「こちらの番号におかけしても大丈夫ですか」と一言断りましょう。かけ直しますと言われたら次からかけないようにします。

Q2　会社支給の携帯電話のメモリー機能を使うべき？
A　相手が分かって便利大事な取引先などを記憶するためメモリー機能は便利なのでぜひ利用を。かかってきたら相手の名前が表示されるので、適切に対応できます。

Q3　携帯メールで仕事の連絡をしてもいい？
A　外部の人には使用禁止社員間の連絡であれば問題ありませんが、外部の人には使わないほうが無難。また、絵文字は社内間の連絡でも軽薄な印象になるので控えて。

Q4　会社の電源から、充電してもいいの？
A　私物の電話は完全アウト会社支給の携帯電話であればOKですが、私物であれば公私混同になります。自宅で充電するクセを付けるか電池式充電器を常備しましょう。

Q5　携帯電話を時計代わりにするのはダメ？
A　必ず腕時計をしましょう時間を見るためにいちいち携帯電話を出すと、メールをチェックしているようにも見えます。不まじめな印象を与えるので腕時計をすること。

Q6　同僚の電話番号を教えてもいい？
A　勝手に教えてはいけませんどんなに急ぎの場合でも、本人や上司からの許可がない限り教えてはいけません。本人から連絡させるなどの手段を取るとよいでしょう。

Q7　会社にかかってきた電話、相手は携帯電話みたいだけど？
A　一言気遣いの言葉をかけて携帯電話が私物なら通話料金は本人の負担に。「かけ直しましょうか？」と一声かけて。相手が断れば無理強いせず、そのまま話します。

Q8　会社支給の携帯電話はどこまで使っていいの？
A　社内電話と同等の扱いを会社以外の用事には使用しないようにすることがルール。同僚への連絡もプライベートな内容なら私物の電話からかけるようにしましょう。

携帯電話からかける

メリット
・時間を有効に使える
・その場ですぐにかけられる

デメリット
・雑音が入る
・守秘性に欠ける

外出先からの電話はいつも以上に気配りが必要になります

携帯電話からかけるときは雑音が入らない場所からかけましょう。外出先などで電話をかけるのは、整った環境であるオフィスからかけるときよりも十分な配慮が必要になります。また、周囲に会話が聞こえるので重要な話は避けること。

かける場所に注意する

駅のホームや騒がしい街中で電話をかけると、お互いに声が聞き取りにくく、会話できません。また、歩きながらだと途中で切れてしまう可能性も。メモが取れる場所を選びましょう。公園など静かでメモが取れる場所

・できればメモの取れる場所
・電波の良好な場所
・静かな場所

これはNG！

待ち合わせの待ち時間にかける
電話中に待合わせの相手が来ると気まずい状況に。

非通知モードでかける
不審な電話だと思われ、先方が出てくれない可能性大。

駅のホームからかける
電車の音や構内放送など、ホームは騒音が絶えません。

携帯電話はかける場所を間違うと、相手だけでなく周囲の迷惑になることも。

応用編 携帯電話で連絡を受けるときは

かけ直すこともひとつの手

電話に出るときは必ず会社名と名前を名乗ります。電波の状態がよくないときや騒音のある場所にいて、クリアな会話が困難とみなしたときには、事情を話して迷わずかけ直します。

電話に出るときは
『はい、○○商事の山田です』

都合の悪いときにかかってきたら
『申し訳ありません。ただ今移動中ですので10分後にこちらからおかけ直ししてもよろしいですか？』
謝罪し、かけ直します。このとき、かける時間を具体的に伝えます。

〔かけ直すべき場所〕
・電車のホーム
・電車内
・人込み
・歩きながら
・電波が悪い場所
・レストランなど
・運転中の車内

30分後にこちらから
かけ直します

76

第2章　会話のマナー　　携帯電話を有効に使う

携帯電話にかける

用件を伝える前に相手の状況を聞いて

携帯電話にかけるときは相手のことを考えるのが大切です。話せる環境にいるかをまず確認すること。また、メモを取れる状況にいるとは限りませんので、込み入った内容は話さないようにします。

注1　相手の状況を確認する
移動中や運転中の可能性もあるため初めに相手の都合を尋ねましょう。通勤時間帯も避けて。

（今お話しできますか？）

注2　重要な話題は避ける
プライベートな情報や機密事項など他人に聞かれては困るような話題は会って直接話しましょう。

注3　急用のときのみかける
携帯は緊急連絡の手段。重要な用事でもないのに、携帯電話にかけるのは相手にとって迷惑です。

携帯電話にかけてもOKなのは

会社に不在で緊急の用事がある場合
先方の不在時に、急ぎの用件がある場合は携帯電話に連絡をします。ただしこれは携帯電話の番号を知っているときのみ。相手の会社の人が番号を言わない限りは、こちらから聞かないようにしましょう。

先方の会社の人にかけるよう言われた場合
相手の会社の人から番号を教えられた場合は直接連絡を取っても大丈夫です。「御社の＊＊様から番号をお伺いして、おかけしたのですが、よろしいでしょうか？」と、一言確認をして話を始めましょう。

本人にかけるよう言われた場合
本人から「携帯電話の番号にかけてもらいたい」と番号を教えられた場合は、かけても問題ないと考えてOKです。あらかじめ、本人に都合のいい時間帯を確認しておくと、連絡も取りやすくなります。

これはNG!

いつでも携帯にかける
相手が今どんな状況なのかを考えて気配りの精神を。自分の用件を伝えるのに手いっぱいにならないようにしましょう。

突然本題を話し始める 
業務時間外の電話は×。かけていいと言われても急用以外はNG。

相手の都合を聞かずに話を始めるのは、不快感を与えます。

商談の結論を急がせる

複雑なことを話す 
相手がメモを取れる状況にいるとは限りません。長話もダメ。

落ち着いて話せない状況で結論を言わせるのはアンフェア。

FAXを有効に使う

離れている相手にすぐに書類を送ることができる便利なFAX。確実に手元に届くよう工夫が必要です。

FAXの利点
- 郵送より迅速である
- 電話説明の補足として

郵送よりも早く目を通してもらえます。電話や文字で伝えにくい地図や図面のやりとりにも便利。

FAXの不利な点
- プライバシーは守れない
- 大量に送れない
- 不鮮明である

担当者以外に読まれては困るような重要文書は避けましょう。一度にたくさん送るのもマナー違反。

こんなときに
- お知らせ
- 簡単な資料
- 地図

など

FAX用の原稿を作成する

シンプルな用紙で
絵やけい線が多く入った用紙は読み取り時間がかかるうえ、送信先のインク使用量も多くなります。極力シンプルな用紙を選んで。

図面などを拡大
小さい図面や細かい文字の原稿は、FAXで送るとつぶれて見えなくなってしまう恐れがあります。拡大コピーをして送る気配りを。

紙の端に書かない
原稿の端に書かれた文字は相手が受信したときに切れてしまい、読めない可能性があります。余白は十分に取りましょう。

送る前にひと工夫する

あて名は見やすく
FAXは担当者が受信口から受け取るとは限りません。あて名は大きくはっきりと書くことが間違いを防ぐためにも大切です。

ヘッドをつける
送信書類の1枚めに、文書の内容がすぐに判断できるヘッド（送信票）を付けましょう。フォーマットを作成しておくと便利です。

送信枚数と通し番号を入れる
2枚以上送る場合は「1／2」など通し番号を打つと親切。さらに1枚めに送信枚数を書くとミスが防げます。

送るときに気をつけること

大量に送らない
大量に送ると相手先のFAXがふさがってしまいます。10枚以上送るなら一度相手に確認し、場合によっては郵送などに切り替えて。

番号をしっかり確認
送り間違いは相手だけでなく第三者にも迷惑がかかります。送信ボタンを押す前にディスプレイで再度番号の確認をしましょう。

初めての相手なら電話を入れてから
初めて取引をする相手には、電話で一言伝えておくと信頼感が増し、やりとりがスムーズにいきます。

送信 注 大切な文書なら1本電話を！

第2章　会話のマナー　　FAXを有効に使う

FAX送信票の例

~FAX送信票~

送信日時　20××年8月10日〔木〕15:00
送信枚数　全2枚（本紙含め）

新星株式会社　営業部　佐藤様

先日お問い合わせ頂いたお見積もりの件

平素は格別のお引き立てにあずかり、厚くお礼申し上げます。
上記の件名についてお送りいたしますので、ご確認ください。

よろしくお願いいたします。

〔送信元〕
担当　○○商事　山田明
電話　00-0000-0000
FAX　00-0000-0000
住所　〒000-0000
東京都渋谷区桜丘町○-△
E-mail yamada@＊＊.co.jp

あて先
見やすい位置に大きく。代表番号に送るときは部署名を必ず。

自分の連絡先
相手先からも連絡が取れるようこちらの連絡先を明確にします。

日付
送信日時を記載すればタイムラグがあっても、トラブルになりません。

枚数
送信状を含めた枚数を記入しておけば送信ミスもなくなります。

件名
用件を明確にするため「~の件」と見出しを付けましょう。

送信枚数を減らすコツ

簡単な用件でA4紙1枚に満たない数行の文書なら、送信票とドッキングして、1枚に収めてもOK。

```
　送信票
　─────
　本　件
```

通常の送信票のほか、A4紙半分のバージョンも用意。本件の内容量に応じて使い分けましょう。

こんなときはどうする？

・送信先を間違えた
必要なのは迅速な対応のみ。間違えた先の連絡先が分かれば電話を入れておわびしましょう。本人がいなくても電話口の人に確認すればOKです。用紙は破棄してもらうようにお願いします。

・あて先の役職が分からない
すぐに電話でチェック。うろ覚えは危険。電話で相手に尋ねましょう。本人がいなくても電話口の人に確認すればOKです。

・何度送っても届かない
エラーの内容を確認しましょう。番号が合っているなら用紙切れ、通話中などが考えられます。電話をかけて確認してみましょう。

メールを有効に使う

文書だけでなく、画像や音楽までもがやりとりできる電子メール。便利だけど頼りすぎには要注意！

電子メールの利点
- 手軽である
- カラー映像、音楽、資料などがすぐに送れる
- 世界中に送ることができる

動画、写真などが、パソコンがあればどこからでも、日本はもちろん海外にも送ることもできます。

電子メールの不利な点
- 感情が伝わりにくい
- セキュリティーが不安
- アドレスを間違いやすい

形式的なメールは気持ちがうまく伝わらないことも。メールでウイルス感染することもあります。

こんなときに
- 画像や資料のやりとり
- 電話するまでもない内容 など

本文を書くときの注意

あいさつは短く
時候のあいさつなどは必要ありません。「お世話になっております」程度で簡単に済まし、すぐに本件に入りましょう。

自分が誰かをまず明記
最後まで読まないと差出人が分からないのは困ります。文末に署名を入れても、文章の初めに自分の会社名と名前を書くこと。

長文はアウト
長い文章は画面上では読みづらいので、文章は短く簡潔に書くことが重要です。このときにも、5W2Hで分かりやすく書きましょう。

件名はゼッタイ記入

ひと目で用件が分かるようにする
メールを一日に何件も受信する人もいるので、タイトルを見ただけで用件がイメージできるような件名にするのが親切です。

「Re」は臨機応変に付ける
返信すると「Re(〜に関して)」が件名に付きます。同件のメールはそのまま、話題が変わったら新たな件名を入力しましょう。

送信ボタンを押す前にチェック

一度読み返す
最後にもう一度読み返して、真意がきちんと伝わる文章かを確認しましょう。タイピングミスや添付し忘れなども防げます。

容量が大きくないか
画像や音楽など、容量の大きなメールは送れない、受け取れないなどのトラブルになります。ファイルを圧縮してから送りましょう。

確実性を高める
大切な内容なら、開封確認の返送の設定、重要メールに指定するなど工夫を。添付書類を送るときは件名に内容を明記すれば安心です。

送信
注：緊急のものはしばらくしたら電話で送信を確認

第2章　会話のマナー　　メールを有効に使う

メール文書の例

```
件名　10月3日の打ち合わせの件
差出人　◎◎商事(株)山田
送信日時　20××／9／27　15:22
宛先　新星株式会社佐藤様

　新星株式会社　佐藤様

　お世話になっております。

　◎◎商事の山田と申します。
　先日お約束しました打ち合わせの、
　時間と場所をお知らせ致します。

　日時：10月3日　13時〜
　場所：喫茶クローバー（六本木駅×番出口すぐ）
　※お店のURLです
　http://clover.co.jp

　打ち合わせの資料等はこちらからお持ちします。
　お忙しいところ恐縮ですが何卒よろしくお願いいたします。

　＝＝＝＝＝＝＝＝＝＝＝＝
　◎◎商事株式会社　山田明
　〒000-0000
　東京都渋谷区桜丘町○-△
　TEL　03-0000-0000
　FAX　03-0000-0000
　E-mail yamada@＊＊.co.jp
　＝＝＝＝＝＝＝＝＝＝＝＝
```

件名
内容がすぐに把握できる件名を。

差出人
自分の名前と会社名が表示されるよう設定。

送信日時
パソコンの設定に合わせて自動的に表示されるので、パソコンの時計と日付は正確に。

本文
一行35文字以内で押さえるか、35文字で改行を入れると読みやすくなります。

署名
名前と連絡先が自動で表示されるように設定。

- **アドレスを登録するとき**
呼び捨てで登録するのは避けて名前に「様」を付けて登録。こちらで登録した通りにあて先の欄に表示されてしまうためです。

ココに注意！

- **受信時のブランクを知る**
「送ったら安心」ではありません。送ったメールをすぐに受信するとは限りません。また、人によってメールチェックの回数は違います。

- **しっかりセキュリティー管理**
ウイルス対策はこまめに
メールからウイルス感染するケースが多数。セキュリティーソフトは最新のものをアップデート。

- **受信したらすぐ返信**
読んだらすぐに回答しましょう
いつでも送信できるといってもメールは読んだらすぐに返信しないと、送り忘れの原因になります。

- **ccとbccの使い分け**
複数に送る場合は注意を
ccは送信した人全員のアドレスが表示されます。bccは非表示なので状況に応じて利用を。

81

封書を有効に使う

謝罪やお礼など、気持ちを伝えたいときには何より封書が有効です。マナーを覚えると公私ともに使えます。

封書の利点
- 気持ちがこもっている感じがする
- 写真やパンフレットなど現物のやりとりに

メールや電話よりも手間がかかりますが、丁寧な印象を与えます。資料や写真を送るときにも利用。

封書の不利な点
- すぐに受け取れない
- 手間がかかる

配達に日時を要するため急ぎの用事には不適切です。また、あて先書きや梱包（こんぽう）などにも時間を要します。

こんなときに
- お礼状
- おわび状
- パンフレット送付

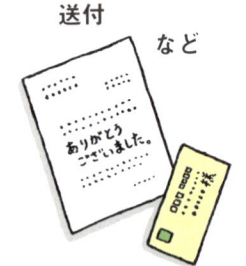

など

封筒と便せんを選ぶときのポイント

- **白の無地** …… 白で無地のものを使うのが基本。縦書きの和封筒と横書きの洋封筒があり、さらに一重と二重がありますが、重要な文書の場合は、二重の和封筒を使用します。ただし、弔事などには一重で。

- **茶封筒** …… ややそっけない印象を与えますが、社外文書の中でも請求書や領収書など事務的な書類を送るときに用いるのはOK。敬意や誠意を込めたいときは厚手の封筒を使いましょう。

印字と手書き、どちらにする？

文字に自信がないなら印字も可ですが…

儀礼文書の場合、直筆の手紙の方が受け取った人は心のこもった印象を受けます。上手な字が書けないのならワープロで打っても問題ありませんが、署名は必ず手書きするようにします。

書き出しは何から始めればいいか？

頭語や時候のあいさつを入れると丁寧な印象に

書き出しは頭語と、その季節に応じたあいさつ（P142参照）、安否を気使う言葉などの前文から入るのが基本です。ただし、「前略」は通常ビジネス文書では使用しません。

結語（P136参照）と日付、署名、あて名で締める

封をする

注 封は必ずのりを使うようにします

第2章 会話のマナー　　封書を有効に使う

封書の表書きと裏書き

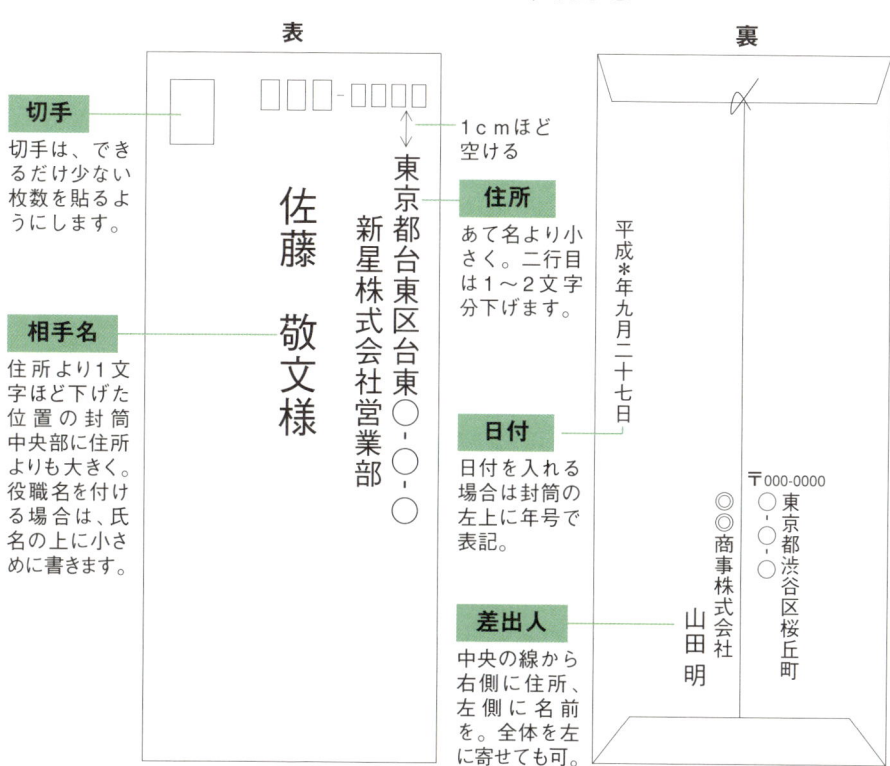

表

切手
切手は、できるだけ少ない枚数を貼るようにします。

□□□-□□□□

住所
あて名より小さく。二行目は1～2文字分下げます。

1cmほど空ける

東京都台東区台東○-○-○
新星株式会社営業部

佐藤　敬文　様

相手名
住所より1文字ほど下げた位置の封筒中央部に住所よりも大きく。役職名を付ける場合は、氏名の上に小さめに書きます。

日付
日付を入れる場合は封筒の左上に年号で表記。

差出人
中央の線から右側に住所、左側に名前を。全体を左に寄せても可。

裏

平成＊年九月二十七日

〒000-0000
東京都渋谷区桜丘町
○-○-○
◎◎商事株式会社
山田　明

間違いやすいポイント

・**「様」と「御中」について**
敬称を二重に付けるのは間違い。団体名には「御中」、個人名には「様」を付けます。会社名と個人名の両方を記す場合は「様」のみ。

・**(株)と略すのはダメ**
あて名は正式名称で書きます。「株式会社」は正式名称の一部。あて名では(株)と省略するのは×。前につくか後につくかも確認を。

・**ラベルシールを貼るなら**
見やすい位置に貼り付けます。あて名のラベルシールは封筒の中央よりやや上あたりに、傾かないように貼りましょう。

・**他社の封筒はタブー**
他社の封筒はやむを得ないとき以外、他社名を塗りつぶしたとしても他社の名前の入った封筒は使用しません。

・**写真送付はひと工夫**
安全な状態で送りましょう。写真やポジフィルムは厚紙で挟みます。封筒に「折り曲げ厳禁」と書けば万全。

どうする？社内行事

社内行事は社員同士の親交が深まるコミュニケーションツールの一つ。気が進まなくても一度は参加を。

社内行事の意義

社員旅行や忘年会などの社内行事は、進んで出席しましょう。直接業務にかかわりがないことかもしれませんが、行事を通して部内の結束が固まったり、部外の人とも仲良くなれたりと結果的に仕事にとっていい結果をもたらします。

これはNG!

ダラダラとした態度
のろのろ歩きやだるそうなしぐさは周りの人を不快にさせます。

突然キャンセルする
キャンセル料などが発生する可能性もあるのでドタキャンは避けて。

うちとけようとしない
いろいろな人と話すチャンス。自分の殻を破りましょう。

集団行動の多い社内行事は協調性が不可欠です。時間や約束にルーズなのは厳禁。

さまざまな社内行事一覧

社員旅行	旅費は社員の積立金と福利厚生費を使用。	入社式	ホテル、会議室など会場＆規模は異なります。
忘年会	一年の苦労をねぎらう会。取引先を招くことも。	創立記念日	休業にする会社、集会を開く会社なども。
新年会	朝、お神酒を飲んで済ませる会社もあります。	社屋落成式	新社屋完成式典。他社の式典に行くことも。
歓送迎会	交流を深める目的もあるので、浮かれすぎは×。	防災訓練	避難訓練を定期的に行う会社もあります。
花見	場所取りや食料調達は新入社員が担当します。	懇親会	社内親交を深めるために催す飲み会や食事会。

COLUMN 休日だけど絶対参加？休日レクリエーション

強制参加ではないけど出席するのがベター

休日を利用して、バーベキュー大会や運動会などを行うところも少なくありません。こういった休日レクリエーションは、参加希望者を募るので、参加不参加は自由です。ただし、参加したほうが社内での好感度は上がります。代休が設けてある場合もよりよく、もちろん欠勤とみなされる場合も。やんごとなきドタキャンや無断欠席はもちろん絶対にいけません。

第2章　会話のマナー　　どうする？社内行事

行事1　社員旅行

社会人の自覚を持って責任ある行動を

全社員で旅行に行くケースと、部署ごとに分かれて旅行に行くケースとがあります。いずれにしても集団行動を乱すような行為を慎むこと。幹事に非協力的な態度もいけません。スケジュール通りに旅行が進むよう、幹事の言うことには従いましょう。

● **協調性が大切**
友人同士の旅行と違い、自分のわがままは通りません。時間やルールを守り、不満は心にしまっておきます。

● **緊張感を忘れずに**
旅先では開放的になりがちですが、上司への配慮、礼儀は必要です。気を抜かずに社内と同様に振る舞いましょう。

● **常備薬は持参**
体調が悪くなれば必然的に周りに迷惑がかかります。当日は体調を整え、もしものために常備薬を持参します。

● **派手な服装は✕**
カジュアルな服装で大丈夫。ただし、ミニスカートや蛍光色のシャツなど下品な格好はふさわしくありません。

これはNG!　突然姿を消す
一人いなくなれば次の目的地に移動できません。トイレに行く際も誰かに伝え、常に所在は明らかにしておきます。

行事2　歓送迎会

上手に気を配れば主役も大喜び！

歓迎会は、新しく部署に来た人を迎える会で早く慣れてもらう目的があります。一方、送別会は異動や退職で部署を去る人に対してのねぎらいの会です。送迎する側は主役が誰かを考え、送迎される側はしらけた態度は取らず感謝の気持ちを表すようにします。

● **主役を立てる**
常に主役を意識するようにしましょう。酒宴中は進んで話しかけ、お酒がないようならお酌をします。

● **贈り物は足並みそろえて**
プレゼントを一人だけあげると協調性がないと思われます。どうしてもというときは人前で渡すのを避けます。

● **あいさつをきちんと**
歓迎会なら「よろしくお願いします」、送別会なら「お疲れ様でした」と、会の最中で主役に言葉をかけます。

● **バカ騒ぎをしない**
お酒の飲みすぎは失態の元です。歓迎会、送別会ともに主役はいい気持ちがしないので節度をもって。

これはNG!　目的を忘れる
目的を忘れて単なる飲み会にしてはいけません。酔っぱらった挙げ句にけんかなどは最悪の思い出に。

行事3 新年会・忘年会

酒席を満喫しつつも周囲に目を光らせて

年に一度の忘年会・新年会はハメを外してしまいがち。上司に無礼な態度を取ったり、他人が引くような宴会芸をしたりしないよう酒量を上手に調節しましょう。新入社員なら、追加オーダーはないかおしぼりは全員分あるかなどの気遣いを忘れてはいけません。

● 無礼講のワナ

無礼講とは上下の関係をとっぱらって催す宴会のこと。上司が「無礼講だ」と言っても真に受けないほうが無難です。

● 社外の人への気遣い

取引先など外部の人が出席する場合は、内輪にしか分からないジョークや話題を出すのは避けましょう。

● 酔いつぶれる

飲みすぎてつぶれれば、誰かが介抱しなければなりません。また、女性ならスキがあると思われてしまいます。

> 課長、もう一杯

どうしても二次会に参加したくない…

二次会は強制ではないはず。体力的にも金銭的にも難しければ断ってOK。言いづらければ「体調が悪い」、「(翌日)予定がある」などの理由を言います。

行事4 その他の行事

● 花見

・他人任せにしては×
屋外行事なので準備が大変ですが、面倒なことを人に押し付けず、進んで準備をするようにしましょう。

● 入社式

・おしゃべりは控えて
式に出席することになったら、式の最中は私語を慎むなど、気持ちを引き締めて厳粛な態度で臨みます。

● 懇親会

・人見知りは禁物
社員の交流を深めるねらいがあるので自分から話しかける努力を。相手の立場が分からないうちは敬語を使います。

● 記念式典

・シリアスさを心がけて
スーツ姿の正装で出席しましょう。自分に直接関係のないスピーチでも耳を傾けるなど、真剣な態度で。

86

第2章 会話のマナー　　どうする？社内行事

幹事になったら…
自分の手腕をアピール

幹事は面倒で損な役回りと思うかもしれません。ですが、真剣に取り組めば、評価してくれる人もいるはず。適当に済ませるのは厳禁です。

①日時の調整
仕事の状況と社員の都合を踏まえて日時を決めます。休みの日にかかる場合は代休の有無も上司に確認しましょう。

②予算決め
会社負担分の予算を確認して、社員一人あたりの負担額を割り出します。宴会などなら一人3000円ほどが妥当です。

③場所の確保
出席する人数と予算、メンバーに見合ったお店や宿泊施設を選び予約を。宴会ならメニューも予約しておくのが得策。

④内容を決める
カラオケ、余興など具体的な内容を考えます。社員旅行なら観光ルートも考え、内容に応じてバスや施設の予約を。

⑤当日の振る舞い方
計画通りに進むよう社員を誘導します。司会進行役を担ったり、お金の管理をしたりするので飲みすぎに注意しましょう。

成功させるコツ

慰安旅行ならゆっくり温泉、歓迎会なら誰でも楽しめるもの…など趣旨に沿った内容に。

参加メンバーに見合ったプランを。女性中心なら料理自体の量を少なめにするなどの調整も。

話題の料理やレストラン、ゲームなど、テレビや雑誌をチェックし、流行を取り入れましょう。

こんな場合は…

トラブル発生
予想外の出来事は自己判断せず報告

けがや病気、けんかなどが起きたら、上司に協力をお願いします。お金の計算が合わない場合は幹事が立て替えるケースがほとんど。念のため上司に報告し判断を仰ぎましょう。

文句が出た
ふてくされずに器量を見せて

「メニューが気に入らない」など多数の人から反対されたなら、店員に相談するなどその場でできる限りの対応を。そうならないよう、プランは前もって伝えておくのがベター。

予算がない
お金はなくてもアイデア勝負！

お店ではなく自社の会議室を利用して食べ物を持ち寄るなど、工夫をしましょう。お金がかからない代わりに時間と労力が必要ですが、成功すれば企画力の評価につながります。

ビジネス力UP講座

さらに細分化された敬語を覚えよう

対象が誰になるかをしっかり把握しましょう

一般的に敬語は、尊敬語・謙譲語・丁寧語の3種類に分けられますが、さらに細分化して、5種類に分ける場合があります。

これは文化審議会が2007年2月に文部科学大臣に申答した「敬語の指針」の中で提案された事柄。丁寧語とされている言葉のうち、「お」や「ご」をつける言葉を美化語、謙譲語とされている言葉のうち、自分の行動を丁重に述べる言葉を丁重語として分ける考え方です。

美化語にあたるのは、「ご飯」や「お料理」、「お弁当」など食べ物や物事を美化する言葉です。

一方、丁重語にあたるのは「参る」や「存じ上げる」など自分について語ったり書き記したりする謙譲語です。ただし、「お(ご)～いたす」のような表現は、相手に対する行為とともに自分の行動についても丁重に述べているので、その使用場面によって謙譲語Ⅰとしても謙譲語Ⅱとしても分類されます。また、物を指す言葉でも「(先生への)お手紙」などは謙譲語Ⅰに、「(先生からの)お手紙」などは尊敬語に分類されます。

新設敬語と分類

尊敬語	P58参照
謙譲語Ⅰ	謙譲語のうち、『伺う』、『申し上げる』、『お目にかかる』、『差し上げる』など相手への尊敬を表す言葉。
謙譲語Ⅱ（丁重語）	謙譲語のうち、『参る』、『申す』、『いたす』、『おる』など自分の行動を丁重に言い表す言葉。
丁寧語	丁寧語のうち、『です』、『ます』、『でございます』など。
美化語	丁寧語のうち、『お酒』、『お料理』、『ご祝儀』、『お化粧』、『お米』など対象相手がない場合の言葉。

※新設部分

第3章 接客と訪問マナー

おじぎとあいさつのルール

あいさつは明るく仕事しやすい職場を作ります。まずは自分から積極的に声をかけるのがマナーの第一歩。

たかがあいさつとあなどるな

会社でたくさんの人と円滑に仕事を進めるためには、あいさつで日常的にコミュニケーションを取ることが重要です。特に自然と声がかけられるように、外部から来社した人には自分の仕事とは関係がなくてもあいさつをしましょう。

気持ちのこもらないあいさつは、しないのと変わりません。相手の目を見てにこやかに言いましょう。

ること。来客に対し全員が声をかける会社は好感を持たれ、信頼度が上がります。いざというとき立ち止まり、相手が通り過ぎるまで頭を下げたままにすること。直属の上司など一日に何度も会う人は会う度に軽くおじぎを。

上司、先輩に対して

目上の人には、あいさつと一緒におじぎをします。急いでいても必ず立ち止まり、相手が通り過ぎるまで頭を下げたままにすること。直属の上司など一日に何度も会う人は会う度に軽くおじぎを。

お客様に対して

「お世話になっております」と声をかけ、おじぎをします。手が離せないときは目が合ったときに頭を下げるか、近くを通るときにあいさつを。

社外の人に対して

宅配便のスタッフや警備員など社内で会う人には誰にでもあいさつしましょう。社外の人が気持ちよく仕事できれば会社全体の好感度がアップ。

自社の面識がない人

「こんにちは」「お疲れ様です」と声をかけ軽くおじぎを。積極的にあいさつをすると職場の雰囲気が明るくなります。

親しい同僚には…

手を挙げて「おはよう」などとくだけたあいさつで構いません。重役や来客の前ではきちんとした態度を取ること。

---

①立ち止まる

②おじぎ（P92参照）

これはNG!

会釈だけ
あいさつの言葉をかけられたときは、必ず言葉で返事をしましょう。

気づかないふり
本当に気づかなかったときでも、気づいた時点で声をかけること。

小さな声
聞き取れないあいさつでは意味がありません。大きな声で、はっきりと言って。

そっぽを向く
目線を合わせないあいさつはぞんざいな印象を与え、とても失礼です。

90

第3章　接客と訪問マナー　おじぎとあいさつのルール

状況別のあいさつ

外出するとき ⇔ 外出する人に

『●●に行って参ります』 ⇔ 『行ってらっしゃい』

「参ります」と謙譲語を使います。社内でも行き先は必要ですが、トイレなら「ちょっと席を外します」でも可。

相手が上司ならば「行ってらっしゃいませ」。送り出しの言葉をかけると、相手は気分よく外出できるものです。

帰社したとき ⇔ 帰社した人に

『ただ今戻りました』 ⇔ 『おかえりなさい（お疲れ様です）』

黙って席に着くと、中座していると思いこんだままの人がいるかもしれません。自分から一声かけましょう。

「ご苦労様」は目上の人が目下の者に対して使う言葉です。上司や先輩に対して、決して使ってはいけません。

退社するとき ⇔ 退社する人に

『お先に失礼いたします』 ⇔ 『お疲れ様でした』

残業する人を気使うつもりでも、黙って帰るのはかえってマナー違反。はっきりあいさつするほうが好感を持たれます。

その日一日仕事でお世話になった人には、さらに「本日はどうもありがとうございました」と一言添えましょう。

シチュエーション別のあいさつ

廊下では…

立場が上の相手には、廊下の端によけておじぎをします。相手と親しい間柄なら、歩いたまま声をかけても構いません。

エレベーターの中では…

すいていれば「おはようございます」などと声をかけます。込んでいるときは、目線を下げる目礼をしましょう。

トイレの中では…

特にあいさつは不要で、目が合ったら軽くおじぎをします。ただし、相手から言葉をかけられたら必ず返事をしましょう。

デスクにいるときは…

業務中でも、手を止めて相手の方を向きあいさつをします。電話中などで手が離せないときは、後で必ず声をかけましょう。

社外で…

電車の中や駅で会ったら「お疲れ様です」と声をかけて。相手が会話を続けたら、別れるまで話を聞きましょう。

出勤途中

眠そうな顔をせず「おはようございます」と声をかけます。ラッシュ時の電車に乗り合わせたなら、目礼だけでOK。

退社途中

電車の中や駅で会ったら「お疲れ様です」と声をかけて。相手が会話を続けたら、別れるまで話を聞きましょう。

追い越す場合は…

並んだときに「お先に失礼いたします」と一声かけてから追い越します。出社時は「おはようございます」のあいさつを先に言いましょう。退社時は「お疲れ様です」のあいさつを先に言いましょう。

おじぎは3種類あり

頭を下げて敬意を示すおじぎは、頭の位置が低くなるほど丁寧になります。とはいえ、必要以上に頭を下げると、うわべだけの敬意に見えるので、場面に合わせて使い分けましょう。ビジネスで普通"おじぎ"というと、頭を30度くらいまで下げる敬礼を指します。それ以上に下げると最敬礼となり、お礼や謝罪のときにのみ使います。日常のあいさつや気軽な相手には、軽く頭を下げる会釈が適切です。

①会釈

約15度

上体を15度くらいまで軽く曲げ、目線は自然に先を見ます。頭を下げたら、一呼吸おいて頭を上げると自然です。

②敬礼

約30度

上体を30度ほど倒し、目線は顔の真下よりもやや前の地面を見ます。猫背にならないよう腰から体を折りましょう。

③最敬礼

約45度

上体を45度ほどに下げ、目線は自分のつま先に。両手を軽く重ねて体の前に持ってくるとより丁寧です。

おじぎの仕方

おじぎは頭を下げるだけでなく、視線の動きも重要です。おじぎをする前は相手を直視して、頭を下げているときだけ目線を外します。

相手を直視する
まずは相手の目を見てあいさつの言葉を言い切ってから頭を下げます。

↓

おじぎをしながら目線を下げる
頭を下げるときだけ相手の顔から目線を外し顔を上げるときに戻します。

↓

顔を上げて相手を見る

POINT

姿勢を正す
背筋を伸ばした気をつけの姿勢から上体ごと真っすぐに倒します。

手の置き方
両腕を伸ばし体の脇に付けるか、前で両手を重ねます。

第3章　接客と訪問マナー　おじぎとあいさつのルール

これはNG!

首だけを動かす
きちんとした形でおじぎをしないと、格好が悪く見え、逆に失礼な印象になります。首だけを倒す、あごを前に突き出すのはおじぎになりません。ペコペコと頭を下げるのも×。

相手を見たままおじぎ
上目使いで相手を見て、顔を前に向けたまま腰を折るのは媚びた印象です。頭を下げるときの目線に注意。

両手がだらしない
両手をだらりと下げたまま、前屈のようにおじぎをするのは、やる気がないように見えます。指まで伸ばして腕は真っすぐ体の脇に沿わせます。

姿勢が悪い
猫背やへっぴり腰、曲がった姿勢でのおじぎは格好が悪いものです。背筋を伸ばし、かかとをそろえるなど、立つときの姿勢からきちんと矯正を。

おじぎの使い分け

最敬礼
無理なお願いをするとき、謝意を表すときに使います。最大限の敬意を示すべき重要な来客の送り迎えにも使用。

敬礼
出・退社時、違う部署への出入り、上司に指示を受けたときなど日常的に使います。初対面の人へのあいさつにも。

会釈
先輩や直属の上司など、一日に何度も会う人や、自分とは直接関係のない来客へあいさつするときに使います。

和室ならこっち　座礼の仕方

最敬礼
腰から上体を折り、頭の角度を45度以上下げて止めます。手のひら全体を畳につけ、両手の指先は額の真下に来るくらいまで前に出します。

敬礼
会釈の姿勢を取り、そこから指先を少し前に出して、ひじを折りながらさらに前傾します。頭の角度が30度くらいまで下がったら止めます。

会釈
まずは背筋を伸ばして正座。手をひざに置き、前に滑らせながら上体を傾けます。指先が畳につくところで止め、一呼吸置いて頭を上げます。

自己紹介するときは

入社したときの初めての仕事は自己紹介です。名乗るだけでなく、自分の特徴を織り交ぜて印象的に。

自己紹介＝能力PR

配属される部署で最初に行う自己紹介は、上司や先輩にとっては名前だけでなく、能力や人柄を知る機会です。また、自分から先輩に自己紹介をするときは、「お仕事中恐れ入ります」と一声かけてから始めると丁寧です。

自己紹介の流れ

```
所属部署と
フルネームを告げる
    ↓
出身地や
趣味などについて
    ↓
仕事に取り組む
抱負
```

一人ずつに紹介

先輩一人一人に紹介されるときには、一言入れると時間がかかります。「山田明です、よろしくお願いします」と簡潔にあいさつを。

POINT
・短時間で簡単にあいさつする。
・一人一人に敬礼する。
・笑顔を向けられたら笑顔で返すようにする。
・相手の顔と名前をできるだけその場で覚える。

大人数の前で紹介

自己紹介に時間を割いてもらうのですから、自分に関する情報を何も言わないのはマナー違反です。一言でも印象づけることを入れて。

POINT
・来歴や趣味など、自分の特徴を一言入れる。
・笑いを取ろうとしてふざけすぎない。
・長々と語らない。

好印象を与えるコツ

◎相手の顔を見る
話す相手に集中しましょう
相手に集中するのは会話の基本です。決してよそ見はせず、自己紹介する相手の目を見て話しかけましょう。

◎言葉は簡潔に
長々と話すのは迷惑です
時間がかかるほど、部署全体の仕事時間を削ることになります。一言で済ませるほうが、インパクトも強め。

◎はきはきゆっくり話す
緊張しても一言一言はっきりと
緊張すると早口になり、モゴモゴとしゃべると聞き取れません。コミュニケーション能力を疑われることに。

94

第3章　接客と訪問マナー　自己紹介するときは

自己紹介の例文

基本
「はじめまして、このたび営業二課に配属されました山田明と申します。野球が好きで、中高と野球部に所属し、今も趣味で草野球を続けています。体力とガッツには自信がありますので、ねばり強く契約を取っていきたいと思います。ご指導くださいますよう、どうぞよろしくお願いいたします」

出身地
「はじめまして、山田明と申します。よろしくお願いします。大学はこちらで通っていましたが雪国・山形県で生まれ育ちました。寒い冬にも負けない精神がありますので、この仕事でも負けずに頑張りたいと思います」

特技
「はじめまして、山田明と申します。大学時代に1年間アメリカに交換留学をしていたので、せっかく覚えた英会話を生かせる仕事をしたいと思っておりました。世界を股にかける○○社で仕事ができるとは身が引き締まる思いです」

体験
「はじめまして、加藤笑子と申します。中学生のとき、修学旅行で出会ったツアーコンダクターの働きぶりにあこがれて、この会社を志望しました。すてきなガイドができるように頑張りますので、ご指導くださいますようよろしくお願いいたします」

名前の由来
「はじめまして、加藤笑子と申します。笑子は"笑う"に"子"と書きます。この名に恥じないよう、いつも笑顔でお客様が気持ちよく旅を楽しめるよう努力したいと思っております。ご指導、ご鞭撻くださいますようろしくお願いいたします」

名刺はビジネスマンの顔

名刺社会の日本では、外部の人への自己紹介には名刺が必須。名刺交換のマナーはビジネスマンの基本です。

名刺は人と会うときに必ず必要な仕事道具

名刺は仕事をする人間の、もう一つの顔といえる大事な営業道具です。初めて会う相手には、必ず名刺を渡します。名刺交換のとき、もっともタブーなのは名刺を忘れること。やる気がないと取られることもあります。急に人と会うことになってもいいように、名刺入れ以外にも数枚はストックを持ち歩きましょう。

基本姿勢

相手の前に立ち、目を見ながら、両手の位置を胸の高さにキープして渡します。

交換する前にココをcheck

汚れたり折れたりしていないか
汚い名刺を渡すのは失礼。名刺入れに入れて持ち歩きましょう。

枚数は十分にあるか
予定外の人に会うこともあるので、持ち歩く枚数には余裕を。

名刺の差し出し方

名刺を渡すときには、黙って差し出すのではなく、会社名、部署、名前を名乗りながら渡します。名前は必ずはっきりと発音すること。

名刺の向き
名刺が縦書きでも横書きでも、相手に名刺の正面を向けます。

起立する
テーブルがあるときは回り込んで、相手の正面に立ちます。

両手で差し出す
右手に名刺を持ち、左手を添えし出す。片手で差し出すのは×。

名刺の受け取り方

受け取るときも、「ちょうだいします」と一言添えます。名刺を軽く押し頂くようにすると、相手への尊敬の意が伝わります。

相手を見る
相手と目を合わせながら、両手を前に差し出しましょう。

両手で受け取る
片手で受けるのは失礼。両手を胸の位置に上げ受け取ります。

名前を確認
名前の読み方が分からないときは、その場で必ず聞きましょう。

第3章　接客と訪問マナー　名刺はビジネスマンの顔

名刺交換の順番

名刺交換は訪問者から

他社を訪れた場合は、先にこちらから名刺を差し出すのがルールです。

自分が訪問したら…
① 自分 → ② 相手

上司が同行
① 上司 ↔ 相手、② 自分 ↔ 相手
上司と一緒のときは、上司から先に交換を始め、それに続きます。

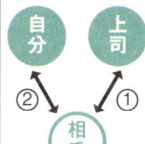

相手も2人
① 自分 ↔ 相手、① 上司 ↔ 相手、② 交差
上司が名刺交換をしていない方の相手から先に交換をします。

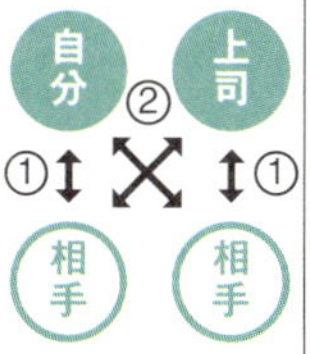

名刺入れの上に置く

机にじかに置くよりも、名刺入れを名刺の下に敷くと好印象。

受け取った名刺は

受け取った名刺は丁寧に扱いましょう。名前を確認したらテーブルの上へ。相手が複数なら座席順に並べて置きます。

テーブルを挟んでいる

一言謝り、その場に立って交換

テーブル越しに渡すのは避けるのが原則。しかし、周りのスペースが狭いときなどは、その場で立って交換します。

「テーブル越しに申し訳ありません」

タイミングがつかめない

相手の話が終わるまで待つこと

相手が先に話を進めてしまったら、話が一段落つくまで待ちます。一言わびてから名刺交換をしましょう。

「ごあいさつが遅くなりました」

同時に差し出したら

お互いに片手ずつ差し出して交換

自分と相手が全く同じタイミングで名刺を出したときは、特にどちらが先にと譲り合う必要はありません。お互いに片手を自分の名刺から離して、空いた手で相手の名刺を受け取り合えばOKです。相手の名刺を受け取った後には、必ず両手で持ち直しましょう。

① 差し出す
まずは両者ともに向かい合って立ち、お互いの胸の位置に名刺を両手で差し出します。

② 片手を移動
利き手で自分の名刺を持って相手に差し出し、もう片方の手で相手の名刺を受けます。

③ もう片手を移動
相手が自分の名刺を受け取ったら、もう片方の手を離して相手の名刺を両手で持って引き寄せます。

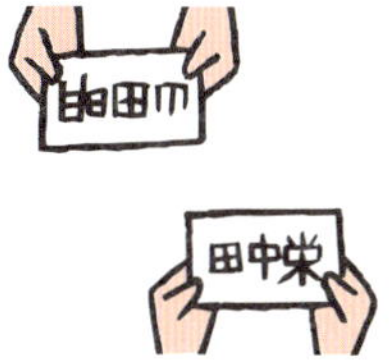

名刺を切らしていた場合

丁重におわびをして口頭で自己紹介を

「申し訳ございません、名刺を切らしておりまして」と一言謝り、社名と部署、フルネームを名乗ります。相手に名刺を差し出されたら、受け取って構いません。

申し訳ございません

後日… なるべく早く相手に届ける

次回にすぐ訪問する予定があるなら、必ず持参し「遅くなりましたが」と一言添えて渡します。しばらく訪問予定がないときは、郵送する旨を伝えて帰社後すぐに手配を。

後日お届けします

相手の名前が読めない場合

名刺交換のときに必ず読み上げて確認

読めない字はその場で確認を。「どのようにお読みすればよろしいでしょうか」と聞いてしまってOK。

名刺がまだ刷り上がっていない場合

先輩に名刺をもらい名前を書き換えて

入社早々で名刺がまだない場合は、同じ部署の先輩の名刺をもらい、名前だけ書き換えて使います。

自分の名刺の扱い方

名刺入れを必ず使う

折れや汚れがつかないよう、名刺入れに入れて持ち運びます。また、名刺入れは相手の名刺を受け取った際に受け盆としても使うので、財布や定期入れを代用するのはマナー違反です。

取り出しやすい場所にしまう

スムーズに自己紹介に移れるよう、名刺入れは胸ポケットやかばんの外側のポケットなど、すぐ取り出せる場所に入れておきます。ただし、お尻のポケットは名刺がわん曲しやすいのでNG。

ストックはマメにチェック

名刺を切らしても、会社によっては発注から名刺の受け取りまでに時間がかかることがあります。残り枚数に余裕があるうちに発注しましょう。

新しい名刺ができたら… 名刺入れに入れるときは、束の後ろに足します。古い名刺から使うようにすれば、ぼろぼろになりません。

第3章　接客と訪問マナー　名刺はビジネスマンの顔

もらった名刺の管理方法

情報をプラスして管理

受け取った名刺は相手の大切な情報源です。必要なときすぐ使えるよう整理はもちろん、相手に関する情報を書き留めておくのも大切。

◆ **相手の情報を記入する**

名刺を見て相手の特徴や人柄、そのときの会話を思い出せるようにしておくと、次会うときに便利です。会ったその日のうちに名刺の裏にメモ書きを。

記入する内容
- 日付
- 場所
- 特徴
- 用件　など

注意！
相手の前では、名刺に何かを書き込むのは失礼にあたります。必ず会社に戻ってから書きましょう。

◆ **ファイリングする**

名刺は受け取った枚数が20枚を超えたら、業種別、仕事の内容別などに整理して保管しましょう。よく見る名刺や、今一緒に仕事をしている人の名刺はすぐ見つかるように仕分けします。

保管の仕方

データを使う
時間に余裕があれば表計算ソフトやデータベースソフトを使ってデータ化します。必要なデータを一発で検索できて便利。

ケースを使う
枚数が多くないなら、名刺の空き箱に、業種別にして重ねて入れましょう。見る頻度の少ない名刺のみを選んで入れても◎。

ファイルを使う
50音順、日付順などルールを決めてファイリングします。クリアポケット型なら裏面のメモ書きも見えて便利です。

COLUMN　効果的な名刺とは…

一度見たら忘れられない印象の強い名刺に

名刺は自分をPRする営業ツールです。色使いやデザインを工夫すれば、相手の目に留まりやすくなります。また、仕事内容や座右の銘など、印象に残るアピールを書くのも有効。

写真や似顔絵入り

営業マンならば、顔を覚えてもらうのが一番のPR。ビジュアル要素で名刺を目立たせる方法はとても有効。

業務内容が記載されている

業種や自分の専門分野などが詳しく書かれているほど、相手が名刺を見て仕事を発注しやすくなります。

HPアドレスが記載されている

ホームページでは、より詳しく会社や自分のことをアピールできます。

人物紹介のオキテ

複数の人がかかわる仕事で知らない人同士を引き合わせることがあります。責任を持って間に立ちましょう。

身内・目下から先に紹介すること

面識のない人同士の間に立って紹介するときは、順番に気をつけましょう。名刺交換は目上の人が先ですが、人を紹介するときは身近な人間が先です。自社の人間とお客様なら自社の人間が先。いかなるときでも自社の紹介しましょう。

人間が先。また、取引先同士を紹介するときは、より密接に付き合いのある方から紹介します。同じ程度の関係ならば、立場、肩書、年齢などを比べて、目下の人から先に紹介しましょう。

これはNG！

突然紹介する
何の連絡もせず、いきなり先方の知らない人を連れていくのは失礼。

紹介人が中座する
紹介人は会談の進行役です。中座をするのはできるだけ避けましょう。

紹介にいたる経緯を説明しないと紹介を受ける側の人が戸惑います。仲立ちする人には両者を取り持つ役目があり、紹介だけをして放っておくのはタブーです。

紹介する順番

取引先同士を紹介
（より親しい取引先から紹介）
① こちら××商事の赤井様です
② こちら△△会社の沢田様です

取引先に自分の上司を紹介
① 赤井様、こちらはわたくしの直属の上司にあたる主任の前田です
② 前田主任、こちらいつもお世話になっております××商事の赤井様です

知人の男性に女性を紹介
① こちら学生時代同級生だった木田君です
② こちら同じ部署の秋山さんです

下請け会社に自社の社長を紹介
① 田中様、こちら当社の代表取締役社長の渡辺です
② 渡辺社長、こちらいつもお世話になっております〇〇工務店の田中様です

第3章 接客と訪問マナー 人物紹介のオキテ

紹介者の心得

同席の理由を告げる

同じプロジェクトを担当する社内の人を同席させるときでも、相手との面識がない人の場合は、なぜここにいるかを説明します。

会話を取り持つ

単なる紹介ではなく、紹介することで生まれるメリットを説明しましょう。相手が納得すれば会談に乗り気になり、話が進みます。

なるべく中座はしない

初めて会った人同士はコミュニケーションが取りにくく、意見が対立することも。トラブルを避けるためには立ち会い続けるべき。

暴露などは避ける

触れられたくないことを初対面の人に暴露されれば気分を害します。話を盛り上げようとしすぎて、取引先の信頼を失わないこと。

紹介を依頼されたら…

相手に連絡を取る
事前に紹介を頼まれた事情を電話などで伝え、相手に紹介の可否を尋ねます。

↓

承諾されたら日取りを決める

↓

紹介する
先に紹介を頼んできた人から紹介をします。客と自社の人間を会わせるときは、自社の者から。

紹介したことが相手の負担にならないように

むやみに人を紹介すると、紹介される側に迷惑なこともあります。頼まれても安易に請け負わず、本当に紹介するべきか考えましょう。紹介された側に断られる場合は、仲介者がその旨を伝えます。先方の事情が許さなかったと、やわらかく伝えましょう。

「都合がつかなくて…」

会話を盛り上げるPOINT

会話のきっかけを与える

紹介者がどういう人物か、相手の興味を引きそうなことを一言添えると会話のとっかかりができます。

例えば…
『こちら学生時代同級生だった木田君です。彼は旅行が趣味で、ついおとといまでアメリカ旅行に行っていたんですよ』

仕事のエピソードを紹介

仕事の熱心ぶりを伝えることで、一緒に仕事をするのに信頼できる人物であることを示します。

例えば…
『こちらいつもお世話になっております○○工務店の田中様です。先日も急な発注にもかかわらず納期通りに納品してくださったんです』

まじめ一筋!

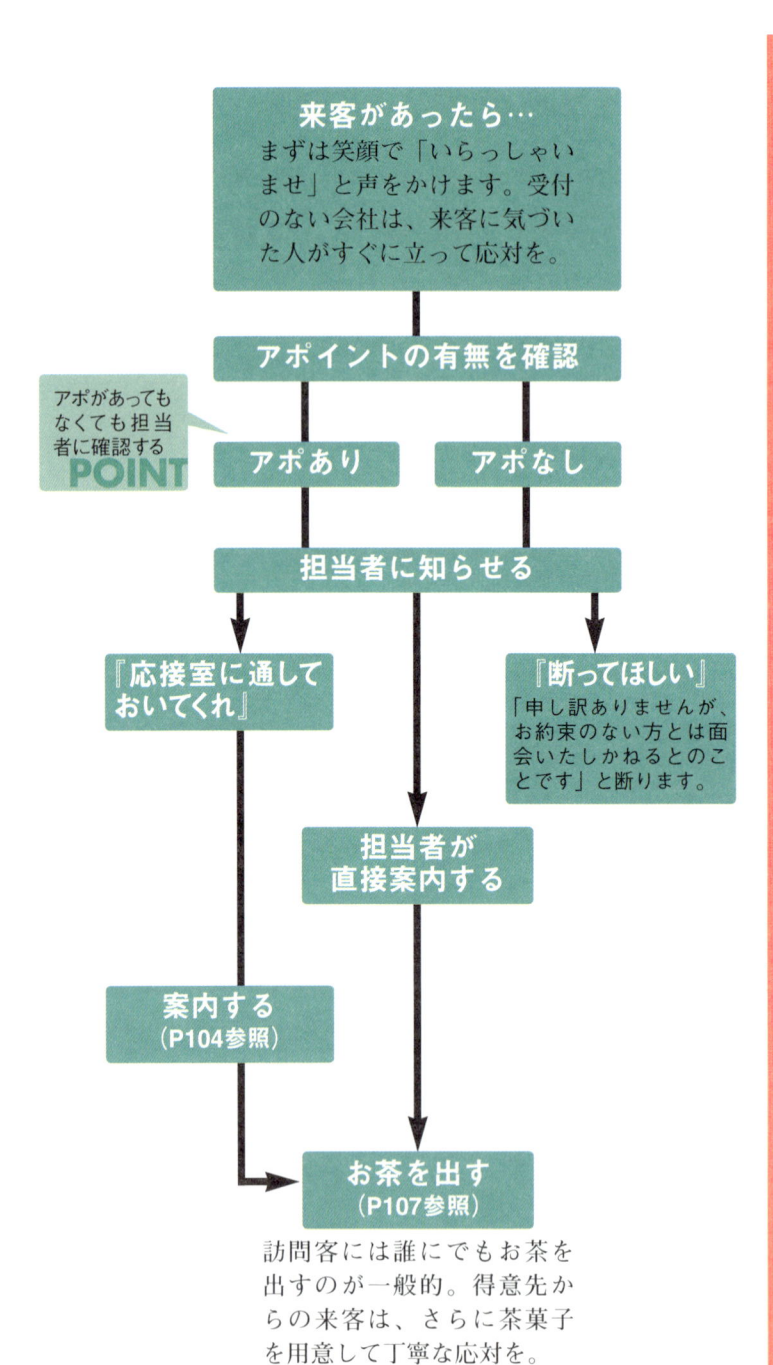

スマートな接客対応

来客へのスマートな応対は、自分や会社のイメージアップに。受付業務の担当でなくても、基本は押さえておきましょう。

```
来客があったら…
まずは笑顔で「いらっしゃいませ」と声をかけます。受付のない会社は、来客に気づいた人がすぐに立って応対を。
        ↓
アポイントの有無を確認
    ↓         ↓
 アポあり    アポなし
    ↓         ↓
担当者に知らせる
    ↓
```

POINT：アポがあってもなくても担当者に確認する

- 『応接室に通しておいてくれ』
- 『断ってほしい』
  「申し訳ありませんが、お約束のない方とは面会いたしかねるとのことです」と断ります。

↓

担当者が直接案内する

↓

案内する（P104参照）

↓

お茶を出す（P107参照）

訪問客には誰にでもお茶を出すのが一般的。得意先からの来客は、さらに茶菓子を用意して丁寧な応対を。

第3章　接客と訪問マナー　スマートな接客対応

感じのよい受付

お客様は平等
受付は先着順。大事な来客でも先回しにしてはいけません。

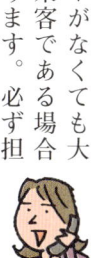

並んでいたら一声かける
一言わびて「少々お待ち頂けますか」と声をかけましょう。

勝手に判断しない
アポがなくても大切な来客である場合もあります。必ず担当者に確認すること。

◆担当者に知らせる前に…
大事な来客中の担当者に取り次ぐと打ち合わせの雰囲気を壊してしまうことに。急ぎでない場合は、事情を説明して待ってもらいます。

喜ばれる取り次ぎ

相手と目的を明確に伝える
相手の社名、名前と用件は受付で必ず確認をしましょう。特にアポのない相手は、情報が少ないと担当者が判断しかねます。

相手の状態も伝える
相手の人数、機嫌、汗だくであるなどの状態を聞けば、対応を合わせられます。

> **いくら顔なじみの取引先でも会いたくないときがある！**
> 担当者が居留守を使いたいこともあります。在席か不在かは相手にすぐ伝えず、担当者の都合を問い合わせます。在席と分からないように連絡を大声で呼ぶのは言語道断です。

断るときのコツ

むげに扱わないこと
たとえセールスでも、ひどい態度を取ると会社全体のイメージダウンになります。丁寧な言葉遣いではっきりと断りましょう。

断るように言われたら

断り方の確認をする
どう言って断るか、担当者に対応を確認しましょう。名刺だけ受け取るように言われることも。

応対場所を事前に確保

応対場所を決める

自分のお客様

会う場所を用意する
来客の目的によっては話ができる場所への案内が必要です。ここで、部屋探しに時間がかかると来客が不安に。会社の応接室や会議室を予約するなど、事前に適当な場所を用意しましょう。

応接室
重要な商談のときは、会社の応接室や会議室を予約します。

喫茶店
社内に適当な場所がないときは近所の静かな喫茶店に案内を。

デスク脇の一角
時間のかからない話ならば、職場の一角に席を設けてもOK。

立ち話
簡単な用件は、時間を取らない立ち話の方が先方も気楽です。

案内の基本

2～3歩先に立ち案内する

行き先を告げ、案内役が先導します。歩く速度はお客様に合わせ、常に来客の様子に気を配りましょう。

- **歩幅を合わせる**
- **手のひらで行き先を指し示す**
- **来客に話しかけながら斜め前を歩く**

エレベーターに乗るときは

エレベーターの中にも席次があり、操作ボタンに近い位置が下座です。お客様は必ず上座へ誘導します。

① 来客を奥へ誘導する

ドアが開いたらボタンを押したまま来客を先に乗せます。ただし、誰も乗っていなければ案内人が先に乗って誘導すること。

② 後ろ姿を向けない

案内役は操作盤の前に立ってエレベーター操作をします。このとき、お客様にお尻を向けないように体はやや斜めに向けます。

階段を上がるときは

階段では案内役が後からついていきます。ただし、お客様が女性の場合は断りを入れてから先導する場合も。

✕

途中で上司に会ったら？
決して道は譲らず状況に応じて紹介を

上司だからといって道を譲ると、後ろを歩く来客にもよけさせることになるので、失礼にあたります。たとえ社長や重役に会っても、そのまま進みます。自分の上司や、来客とかかわりのある部署の上司に会ったときは、お客様と会う目的の人物でなくても紹介しましょう。

応接室に着いたら…

① ノックをする

手違いで使用中のこともあるので、無人だと分かっていても必ずノックします。

② ドアを開けお客様を中に通す

外開きのドアなら、ドアを開けて、相手に先に入ってもらいます。逆に内開きのドアは、自分が先に入室し、中からドアを支えて招き入れます。

ココにも気配り！
上座を進める（P106参照）
コートを預かる

担当の者がすぐに参りますのでお待ちください

③ お茶を出す

担当者が来るまでに少し時間がかかりそうなときは、先にお茶を用意して勧めましょう。

第3章　接客と訪問マナー　スマートな接客対応

見送りの基本

どこまで見送ればOK？

原則としては、自社ビルの玄関先まで送るのが一般的です。オフィスがビルの上層階にあるなら、エレベーターや階段の前まで見送ります。ただし、頻繁に訪れるような心安い客で、「見送りは結構です」と言われた場合は、応接室のドアの前で別れてもOKです。

エレベーター
お客様が乗り込んだら、エレベーターのドアが閉まりきるまでおじぎをします。

玄関
建物内が複雑な会社は必ず玄関まで見送りを。玄関では頭を下げて見送ります。

車
会社にとって重要なお客様は車まで見送ります。車が見えなくなるまでおじぎを続けて。

感謝の意を伝えよう

来訪への感謝を伝えるには、心温まる見送りが一番です。相手が見えなくなるまでその場を離れないこと。商談がうまくいかなかったときでも丁重な見送りをします。

POINT

帰りを急がせる印象を持たせない
こちらから話を切り上げてはいけません。次の用事があるときは事前に伝えておくこと。

客の大きな荷物は玄関先まで運ぶこと
相手の荷物が多いときや、大きなお土産を持たせたときは、必ず玄関先まで運んで見送りを。

これはNG!

仕事中は来客優先。ほかの用件があるからとバタバタ出入りしてはいけません。

無断で応接室を使う
先に予約した人がいるかもしれません。空いているからと勝手に使ってはダメ。（空いてるラッキー）

長々と相手を待たせる
客を待たせたままほかの仕事をしたり、来客中に中座したりするのは失礼です。

相手によって態度、待遇を変える
自分より立場が下の客でも、丁寧な態度をとらないようでは社会人失格です。

お土産を頂いたら…

お礼をはっきりと言う
差し出されたお土産は両手で受け取ります。「ご丁寧にありがとうございます」と頭を下げ、はっきりとお礼を言いましょう。

担当者に報告しておく
案内した人がお土産を受け取った場合は、お礼を言ってから退出し、担当者に伝えます。担当者からも改めてお礼を言います。

お茶と一緒に出してもOK？
お土産がお菓子などの場合は、すぐに出して構いません。必ず「おもたせで恐縮ですが」と一言添えてから出すようにします。

応接室でのマナー

応接室の席次を覚えましょう

応接室に通したら、上座を示して「どうぞこちらの席にお掛けください」と勧めましょう。何も言わないと、来客者が自ら下座に座ってしまうことも。普段から下座、上座を把握しておくことが大切です。

※①から順に上座→下座

絵画など

4		1
5		2
		3

入り口

上座の条件は、
① 入り口から遠い
② ゆったりとしたソファ
③ 絵画などの装飾品が正面から見られる

ドアは内開きなら自分が入り込んで入室を促し、外開きの場合はドアを開いて先にお客様に入ってもらう

・お客様は上座
・コート掛けなどがあれば掛ける

自分にお客様が訪ねてきたら…

□ **待たせるなら時間を伝える**
手が離せない場合はどのくらい待たせるか目安を伝えます。相手に待ってもらうか手元に用意を。いちいち中座して取りに行くのは時間のムダです。

□ **資料などは前もってそろえる**
会談に必要な資料はすぐに出せるよう手元に用意を。いちいち中座して取りに行くのは時間のムダです。

□ **急な来客は…**
来客を優先します。次の来客があるときは最初に「*時から別の用向きがあります」と伝えましょう。

・**用事があるなら**
緊急の用事で手が離せない人に代役を頼みます。または多忙な旨を伝え、あいさつだけで失礼します。

こんなときは…

応接室が片付いていない
きれいな部屋を探すこと
すぐにほかの応接室を探します。空いていないときは先に部屋に入り、すみやかに部屋を片付けます。

社内の応接スペースで対応
事務机から遠い席へ
職場の一角を応接スペースにしている会社も。乱雑さが見えないよう、事務机を背にした席に案内。

場つなぎを頼まれた！
世間話で時間をつないで
お茶を運び、担当者がすぐ来る旨を伝えます。仕事の話題以外で共通する話題を探し、話しましょう。

第3章　接客と訪問マナー　スマートな接客対応

お茶のいれ方と出し方

日本茶の正しいいれ方

茶葉の種類と適温、1人分の適量

煎茶	70〜80℃	2g
ほうじ茶	沸騰	約3g
玄米茶	沸騰	約3g
番茶	沸騰	約3g

1 人数分の茶わんを用意。沸騰した湯を茶わんの8分目まで注ぎ、温めておきます。

2 茶わんの湯が適温になったら、茶葉を入れた急須に移し1分間待ちます。

3 濃さが均一になるよう茶わんにお茶を少しずつ注ぎます。量は茶わんの7〜8分目。

お茶の出し方

1 茶わんに破損がないことを確認してお茶を入れ、運びます。ノックして応接室に入室。

2 お茶のお盆をサイドテーブルに置きます。茶わんを茶たくに載せ、両手で運びます。

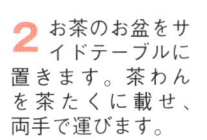

サイドテーブルがない場合
応接テーブルの下座側、つまり、入り口に近い側の端にお盆を置きます。

3 「どうぞ」の一言を添えて、茶わんの絵柄が相手の正面になるように置きます。

運ぶときのポイント
必ずお盆を使います。運んでいるときに茶たくが濡れないよう、茶わんと茶たくは別々に置き、ふきんと一緒に運びましょう。

❗こぼしてしまったら
お客様の前でひっくり返してしまったら洋服を汚していないか確認して丁重に謝り、すぐにいれ直しましょう。

出す順番は決まってる？
来客者の中でも上座にいる人から順に出します。出す位置は相手の右側が基本ですが、無理なら「前から失礼します」と一言断って出します。

お菓子と一緒に出すときは
おしぼりとお茶を右手、お菓子を左手の位置に置くようにしましょう。

訪問するときのマナー

相手の会社を訪ねるときは、まずは相手の都合を確認し、訪問の約束をします。当日は時間厳守が基本です。

会う前に徹底した準備を

仕事で人に会わなければいけないときは、まず相手に連絡してアポイントを取ります。重要な用件の場合は文書で申し入れ、後日電話をしましょう。約束が取れたら面談を成果の多いものにするため入念な準備を。準備が足りないと、当日に焦って忘れ物をするなどミスをする原因になります。

訪問の心構え

ルートや道順を調べておく
初めて訪問する場所は交通手段や所要時間を調べておきます。

忘れ物はないか確認
打ち合わせに必要な資料はもちろん、名刺の枚数もチェックを。

身なりを清潔にする
無精ひげは前日に整えておくこと。出掛ける前に鏡でチェック。

10分前には到着するように
敷地が広い会社は建物に着いてからも時間がかかるので注意。

アポイントの入れ方

ビジネスで人に会うときは、必ずアポイントを取ってから訪問します。初めて会う相手ならば、余裕をもって1週間前にはアポイントを入れておきましょう。

1 目的と所要時間を伝える

まずは用件が何かを伝え、相手に訪問の可否を問います。訪問の目的は明確に伝えましょう。また、相手の判断を促すため、所要時間の目安も事前に伝えます。

> 先日ご依頼頂いたお見積もりの件でお伺いしたいと思います。時間は30分ほどなのですが、いかがでしょうか？

2 日にちと時間を決める

相手の都合を優先させることが原則なので、まずは相手の希望の日時を聞きます。ただし、相手の指定日に都合がつかないなら2つほど代替案を出しましょう。

> 近日中にお伺いしたいのですが、ご都合のよいお日にちとお時間を教えて頂けますか？

訪問の前にしておくこと

下調べをする

初めて行く会社なら、その会社と会いに行く担当者についての情報を調べます。

訪問前日に一報

アポイントから訪問日までが空いたときは前日にメールか電話で確認を。

あってはならないことだけど…
アポに遅刻する場合
すぐに相手の都合を確認

1分でも遅れることが確実になったなら早めに連絡します。遅刻が確実になったらすぐに訪問先の相手におわびの電話をして遅刻の理由と到着時間を伝え、相手の指示を仰ぐこと。都合が悪いようなら後日出直します。

第3章　接客と訪問マナー　訪問するときのマナー

受付での振る舞い方

お世話になっております。わたくし、〇〇商事の山田と申します。本日14時より商品開発部の渡辺様におお約束頂いております。お取り次ぎをお願いします。

◆受付係の指示に従う

訪問にも社内規定やマニュアルがあります。受付に訪問を伝えた後は、その場で待つ、オフィスに進むなど、受付係の指示に従いましょう。受付の応対に対して、必ずお礼を述べて。

注意　受付に行く前に…

コートを脱ぐ

コート、帽子は入り口前で脱ぎ、片手に持ちます。マフラー、手袋なども、受付であいさつする前に外しておきましょう。雨の日は、ぬれた傘をそのまま室内に持ち込まず、受付にて傘立てに入れるか、外でしっかり水滴を落としてから持ち込みます。

身だしなみを整える

風でボサボサの頭、暑い日に汗だくの顔のままで相手に会うのは失礼です。駅のトイレなどで鏡を見て、服装や髪形の乱れを整え、化粧直しておくこと。時間がなくても、受付に行く前に身だしなみを整えて。

アポイントなしで訪問するときは…

飛び込み営業

無理に会おうとしないこと

新規開拓の営業などは、会ってくれるかどうかは相手次第です。事前に担当者が誰か、忙しい時間帯はいつかを調べておき、その時間を外すのが賢明です。断られてもむやみにねばらず、名刺などを置いていきましょう。

簡単なあいさつならOK

転勤や異動、退職などで、お世話になった人にあいさつをしに行くときは、普通はアポイントを取りません。受付で用向きを伝え、相手が会ってくれたときは「急にお伺いしてすみません」と一言わびて、あいさつをします。相手は忙しいかもしれないので、手短に済ませて。

会社への訪問

受付

まずは社名と名前をはっきり名乗ること。次に「○時のお約束で○○部の○○様とお会いすることになっております」と伝えて取り次ぎを頼みます。

案内に従う

エレベーターでは…
乗るときは社内の人の後ろから乗り、「お先に失礼します」と言い、先に降ります。

指示に従い、面会票に記入をしたり、面会バッジを受け取って付けたりします。受付係から指示があるまで、指定された場所で待ちましょう。

応接室に通されたら

下座に座る
ドアに一番近い下座に座って担当者を待ちましょう。相手に上座を勧められたら断らずに座ります。

かばんは足元に置く
かばんは床に置くもの。ソファやテーブルに置いてはいけません。コートは中表にたたんで脇に置きます。

資料と名刺を確認
担当者が来たらすぐに出せるよう、資料や名刺をかばんの出しやすい位置に移動しておきます。

2つお茶を出されたら…
担当者がすぐ来るということなのでお茶に口を付けず待ちます。お茶が1つなら飲んでもOK。

これはNG!

たばこをふかす 
灰皿があっても、相手が勧めない限り喫煙は控えましょう。

携帯電話でしゃべる 
着信音が面談のじゃまになるので電源オフかマナーモードに。

ウロウロする 
歩き回るのは不審。装飾品などは座ったまま鑑賞しましょう。

待っている最中にもしトイレに行きたくなったらメモを残して。

担当者が来て打ち合わせスタート

第3章　接客と訪問マナー　訪問するときのマナー

円滑に進む 基本的な打ち合わせの流れ

あいさつする
ノックされたらすぐに立ち上がります。初対面なら、あいさつをして名刺交換をします。

→ お土産を渡すならこのタイミングで…

軽い雑談
本題に入る前に、緊張をほぐすような話をしましょう。自慢話や心ないおべっかは禁止。

本題
進行をスムーズにするため、本題は結論から言い、後から状況説明などを補います。

まとめ
訪問側が打ち合わせを切り上げるのが原則。決定項を確認し「では、ご指示の通りに進めます」などの締めの言葉を。

辞去
自分から「お忙しいところありがとうございました」と礼を言ってから応接室を出ます。

ふた付き茶わんのお茶は…

1. 左手は茶わんに添え、右手で手前からふたを開けます。
2. 茶わんの縁に沿って約90度右に回し、水滴を切ります。
3. 取ったふたは仰向けにして、茶わんの右側に置きます。
4. 右手で茶わんを持ち、左手を底に当てて頂きます。

見送りを受けたら

相手への気遣いを
エレベーターの前などで、「お見送りはもうここで結構です」と申し出るのがマナー。最後に一礼して別れます。

上着は外に出て着る
コートやマフラー、手袋などは、玄関の外に出てから身に着けます。受付係にも「お世話になりました」と一礼を。

❓ 訪問先への連絡は必要？

大切な取引の後は感謝を伝えて
日常的に訪れている相手であれば、特別なあいさつはいりません。ただし、相手が無理な頼みを聞いてくれたときや、重要な取引の後はメールであいさつをします。相手がかなり高い地位の人物だったときは、封書でお礼を伝えましょう。

帰社したら

あいさつ
部署に戻ったら「ただ今戻りました」とあいさつをして、社内にいることを周囲に伝えます。行動予定表のホワイトボードがある場合は、自分の欄を修正。

上司に内容を報告
上司や先輩に訪問の報告をします。報告書の作成が必要な場合は内容を忘れないうちに書いて提出をしましょう。もし、訪問先でミスをした場合は隠さずに伝えること。早めに報告することでトラブルを小さく抑えられる利点があります。

個人宅への訪問

気をつける点は…

その1 プライバシーの尊重

個人宅には他人に見られたくないものがあるはずです。通された部屋以外に入らない、お手洗いを勝手に使わないなど、相手に不快な思いをさせない気配りを。また、タクシーを使う場合は家の前ではなく、やや手前で降りるようにします。

その2 アポイントの時間

早朝や昼食時、夜遅い時間は避け、平日の午前10〜11時、午後2〜4時の間で訪問の約束をしましょう。

その3 当日は電話を入れる

アポを入れていても忘れていたり急に都合が悪くなったりする可能性があります。約束の1時間前に確認の電話を入れます。

その4 辞去はこちらから

用件が済んだら「そろそろ失礼します」と言って席を立ちます。訪問は1時間以内、最高でも2時間が限度です。

身だしなみ

靴下やストッキングはきれいなものを用意。靴の中敷きが清潔かどうかも確認。コートは玄関の外で脱ぎます。

到着時間

約束の時間よりも早く訪ねると相手を慌てさせてしまいます。逆に、約束の時間より3〜5分ほど遅れて行きましょう。会社への訪問とは逆に、約束の時間より3〜5分ほど遅れて行きましょう。

手土産

相手の家族構成を考慮して品物を選びます。部屋に通されてから渡すのが礼儀ですが、すぐに冷蔵しなければいけない品物なら一言断って玄関先で渡します。

● 靴の脱ぎ方

中央を少し避けて立ち、正面を向いたまま靴を脱ぎます。

式台に斜め座りし、靴のつま先を外に向けて端にそろえます。

● 洋室でのマナー

いすの掛け方

いすの左側に背筋を伸ばして立ちます。左足を半歩前に出し、右足をいすの前に移動し、両足をそろえます。

片方の足を後ろに引いて、ふくらはぎをいすにつけながら、静かに腰を下ろし、足をそろえます。

入室前にノックする

部屋で待つよう言われたらノックして室内に入ります。閉めるときは体をドア側に向け、静かに閉めます。

足を組まない

男性は両足を肩幅ほどに開き、両こぶしをももに置きます。女性は両足をそろえて、ドア側の下座方向に流し、両手を重ねます。男女とも浅めに腰掛けます。

第3章　接客と訪問マナー　訪問するときのマナー

● 和室でのマナー

和室の席次

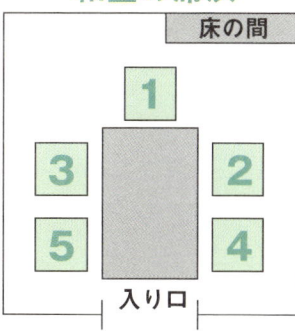

```
┌─────────────┐
│    床の間    │
│   [ 1 ]     │
│[3]      [2] │
│[5]      [4] │
└──入り口──────┘
```

入り口から遠く、床の間に近い場所が上座になります。床の間がなくて、庭が見える部屋であれば、入り口から遠い庭の見える場所が上座です。

※①から順に上座→下座

和室でのタブー

✗ 畳のへりを踏む
畳のへりは避けて歩きます。敷居を踏むのもタブー。

✗ 立ったままのおじぎ
見下すことになるので座礼で。座布団を踏むのもいけません。

✗ 崩した足を上座に向ける
相手から崩すよう言われたら下座方向に足をずらすこと。

座布団の座り方

座布団の左側に正座します。両手を軽く握って、座布団の上にのせます。

そのまま、両手を支えにして片ひざずつ動かし、座布団の後部に両ひざをのせます。

手を突きながら座布団の上を膝行（しっこう）し、中央まで来たら正面を向いて姿勢を正します。

ふすまの開け方

ふすまの正面に座り、近い方の手を引き戸にかけ、少し(手が入るくらい)ふすまを開けます。

ふすまの縁の、下から25cmあたりに手をずらし、体の半分ほどまで開けます。

反対の手で体が通れるくらいまでふすまを開けます。会釈をして立ち、部屋に入ります。

社外での打ち合わせ

騒がしい場所は避けて！

場所選び
ホテルのラウンジなど静かな所で。喫茶店なら窮屈な店は避けます。駅から近く分かりやすいことも条件。

トラブルを防ぐために…

前もって地図を渡します
場所が決まったら、相手に口答で伝えるだけでなく、地図をFAXしておくと親切です。

携帯電話の番号を連絡
初めて会う相手なら、自分の携帯電話番号を教えておきましょう。万が一、会えないときでも安心です。

先に到着しておきましょう
約束の10分前に入店し、入り口が見える席に座って待ちます。自分の特徴などを相手に伝えておきましょう。

周囲の耳に注意！
打ち合わせは飲み物が来てから始めます。不特定多数の人物が周りにいるので、大声や機密事項は厳禁です。

感じのよい接待

接待は相手をおもてなしすること。お決まりのパターンで終わらせるのではなく相手を喜ばせる工夫を!

接待は相手を楽しませて

接待には仕事を円滑に進める目的のほか、労をねぎらう、コミュニケーションを図るなどの目的があります。上司から接待のセッティングを命じられたら、いかに相手を喜ばせられるかを念頭に置いてプランニングを。また、上司に無断で接待を行うのはいけません。

接待の心得3ヵ条

目的を自覚する
どの仕事にかかわるのか。お礼やおわびの意味があるかも確認。

相手を第一に考える
自分の行きたい場所、食べたい料理を選ぶのはいけません。

下心丸出しはNG
見返りが欲しいからと過剰にサービスするのは相手も不快に。

接待の流れ

① 接待を申し込む

② お店を予約しておく
  予約前に下見に行き、雰囲気や広さ、トイレの位置をチェック。問題がないなら店長にあいさつをし、当日便宜を図ってもらいます。

③ 2日前までに準備金、前日までに手土産を用意

④ 当日は早めに到着するようにし、出迎えをする

⑤ 接待中…相手の話をよく聞く。あくびは厳禁
  質問攻めにしないように、出身地や趣味など話が広がりそうな話題を出しましょう。

⑥ 支払いをする
  手土産を渡すならこのタイミング

⑦ 全員で見送りをする

タクシーの場合
タクシーのドアが閉まる前にあいさつをし、見えなくなるまで全員で見送ります。

電車の場合
同じ電車ならホームまで一緒に行き、相手が電車に乗るのを見届けます。

第3章　接客と訪問マナー　感じのよい接待

メニューの選び方
コースメニューが確実
コースを予約しておけばメニューを選ぶ手間が省け、料理がなかなかこないということもなくなります。

苦手なものを伝えておく
相手にあらかじめ好きなもの、嫌いなものを聞き、予約時にお店に伝えておけばコースでも安心です。

お店の選び方
先輩方の意見を聞く
接待の相手の格を考慮し、ふさわしいお店を選ぶこと。先輩にいい店を聞いてみるのが確実です。

地図をFAXしておく
場所が決まったら口答で伝えるだけでなく、地図と最寄り駅からの行き方をFAXしておきましょう。

接待の申し込み方
直接的な表現はダメ
電話で「ご招待したいお店があるのですが」、「日ごろの感謝を込めてお食事でも」などと伝えればOK。

相手の都合を優先して
相手の都合のいい日時を確認し、時間などを決めます。格式ばった接待では招待状を出すこともあります。

酒が苦手なときは
正直に伝えるのが一番
初めにお酒が苦手な旨を伝え、1杯めだけアルコール類を注文。少しでも飲めるなら口を付けましょう。

切り替えは素早く
2杯めからソフトドリンクに切り替えられるよう、ころ合いを見て注文をしておきましょう。

二次会は行うべき？
その場のムードで
二次会は行わなくてもOKですが、場の雰囲気がいいなら誘ってみましょう。一次会が終わる前に予約を。

下調べしておけば安心
二次会の店は前もって目星を付けておくこと。スナックやバーなど一次会よりくだけた店を選んで。

スマートな支払い方法
相手に気づかせない
会計は相手の見えないところで済ませること。接待終了間近にトイレに立つふりをして、済ませましょう。

領収書を忘れずに
領収書のあて名が間違っていないかその場で確認。3万円以上の場合、収入印紙が付いているかもチェック。

これはNG！

仕事の話を出す
相手は仕事のつもりで接待を受けていないかもしれません。しらけるだけなので絶対にタブーです。

酔いつぶれる
信用性ゼロ。取引自体も危うくなります。

自分が楽しむ
目的を忘れて飲み食いするのはいけません。

店が適切ではない
チェーン店系居酒屋はいくら座敷でもNG。

無理強いをする
お酒も二次会も押し付けるのはやめましょう。

独断で行う
会社の決まりで接待を禁止していることも。

接待は単なる飲み会ではないことを肝に銘じて。だからといって直接的な仕事の話をするのはご法度。

入店・乗車の順番

主役と女性を優先します

相手側の出席者が数人いる場合は、接待のメインとなる、役職のある人物にまず入店してもらいます。次に女性、平社員、自分側の目上の人の順に入り、最後に自分が入ります。着席、乗車も同様。

① 役職
② 女性
③ 平社員

接待前の準備

手土産が必要かどうかを上司に確認します。持っていくなら日持ちのする菓子折りなどが無難です。また、現地集合にするか送迎するかを相談し、もし送迎するなら車の手配をしておきましょう。

接待中の態度

相手より早く到着すること。入店前に携帯電話の電源はオフにします。緊急の電話がかかってくるようならマナーモードにし、折を見てかけ直しましょう。たばこは相手が吸わないなら遠慮します。

接待する側とされる側の"格"について

同席するメンバーの「格」についても考慮しなくてはいけません。例えば、相手側に部長クラスが出席するようならこちらも部長クラスかそれ以上の人物を同席させなければ失礼にあたります。格の低い人間が格の高い人間をもてなすのは、マナー違反とされているためです。

車の席次 ※①から順に上座→下座

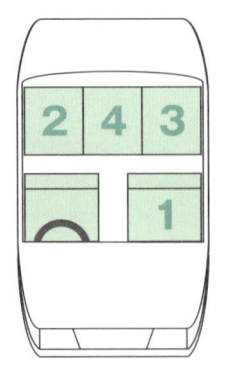

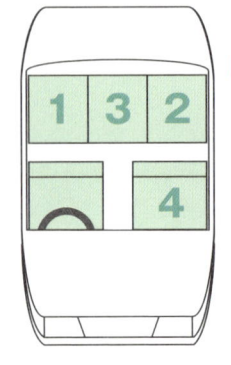

マイカーの場合

```
2 4 3
    1
```

上格者や取引先相手が運転する車は、助手席が上座になります。運転するのが新入社員であればタクシーと同様の席次に。

タクシーの場合

```
1 3 2
    4
```

後部座席のうち、運転手の後ろの席が上座となります。後部座席の中央、助手席は新入社員が進んで乗るべきです。

第3章　接客と訪問マナー　感じのよい接待

酒席以外の接待

相手の年齢や好みを考えた選曲
カラオケ接待

メリット　二次会に利用されることが多いカラオケも接待相手が好きなら接待になりえます。選曲や合いの手を的確にできれば、どの接待より相手を気持ちよくさせることができます。

トップバッターは相手側から
1曲めは相手側に勧めます。逆に向こうから譲られたら素直に引き受けましょう。その際、歌が不得意な人から歌うのがベスト。

自分が楽しんではいけません
歌を聴かずに選曲する、相手の持ち歌を歌う、自分の歌に酔いしれるなどに注意。逆にまったく歌わないのもいけません。

相手のハンディやキャリアを考慮
ゴルフ接待

メリット　相手の実力やゴルフ歴を考えてコースを選べば、成功する可能性も大。同レベルのメンバーを集めることが大切です。逆に経験の浅い人や未経験者を誘うと本人の負担に。

綿密なセッティングが成功の秘訣
ゴルフ接待は送迎付きが常識。車を手配し相手の自宅まで迎えに行きましょう。また、プレー後に会食する場や、賞品なども用意を。

組分けする場合は実力を考慮して
実力に差があるとつまらないので同レベルのメンバーで組分けを。接待相手にはやや実力の劣る人を交ぜてもいいでしょう。

お互いに一番気楽なのはこの方法
観劇・観戦接待

メリット　チケットを手渡して都合のいいときに利用してもらえば、お互いに気遣いが少なくて楽です。その場合、相手の都合を考慮した日にち・枚数のものを用意しましょう。

自分の世界に入ってはいけません
同行する場合は、相手への気遣いを忘れてはいけません。特にスポーツ観戦は、応援に熱を入れすぎないようにしましょう。

好みを必ずリサーチしましょう
相手の好みのチケットであることが大前提です。興味のないジャンルやひいきでないチームのチケットはありがた迷惑。

成果がなくても楽しめる雰囲気を
釣り接待

メリット　経験者はもちろん興味があるという人にもおすすめ。ですが、送り迎えは絶対、釣れるまでの間をうまくつなげる、釣れなかったときのフォローなど多数の課題があります。

ポイントはあらかじめ確認を
相手に楽しんでもらえるよう、釣れるポイントをチェックしておくこと。うまい人を本気にさせないなどの根回しも必要です。

トピックスのある飲食店をチョイス
釣りをした後の会食には、釣った魚を調理してくれる、地元の海の幸が食べられるなど、イベント性の高い店を用意しましょう。

接待を受けるときの礼儀

取引先から接待の席に招かれてもおごった態度は絶対にやめましょう。また勝手な判断はトラブルの元です。

接待を了承する前に

意図は何か

相手から誘われたら、目的を考えます。もし、相手が何か見返りを求め、自分に決定権があることを期待しているようなら、慎重に返答をするべきです。

相手側のメンバーは？

懇親が目的ならば、参加しても問題ありません。その際、相手側の出席者を聞いておきます。もし上格者がいるなら、こちらも上司が同行すべきか社内で相談します。

上司に相談する
出席、欠席の返事より先に上司へ相談して判断を仰ぎます

接待を受けるのも行うのも禁じられているケースがあるので、二つ返事で参加を決めてはダメ。まず上司に相談を。

当日は時間ぴったりに行く
早めに到着して待っているのは相手に気まずい思いをさせます

接待される側が先に着くと、相手に恥をかかせることになります。時間ちょうどの到着を目指しましょう。

謙虚さをキープする
どんなに丁重な扱いを受けても相手を敬う気持ちは忘れずに

偉そうな態度は禁物です。上座を勧められても、相手側に格が上の人がいれば辞退するのが当然です。

軽率な発言はしない
調子に乗って口からでまかせや暴露するのはあとあと問題に

うっかり社外秘を漏らしたり、決定権がない物事を「できる」と言ったりする軽々しい発言はとても危険です。

金銭は受け取らない
豪華すぎるお土産や金銭を受け取る理由はありません

支払いは相手に任せてもよいですが、現金や高価なお土産を受け取るのはいけません。丁重に辞退しましょう。

翌日お礼の連絡を入れる
接待されたらされっぱなしでは人間性を疑われます

帰り際にお礼を言うのはもちろん、次の日に電話でお礼を。もしお土産をもらったら上司への報告も忘れずに。

第3章　接客と訪問マナー　接待を受けるときの礼儀

上司の接待に同行する場合

控えめな態度で臨む
あくまであなたは「かばん持ち」。上司が高慢な態度でも見習ってはいけません。ただし、過剰な遠慮は相手を困らせるので、会話に相づちを打つ、料理に箸をつけるなど好意を素直に受け取りましょう。

できるだけ出席を
上司についていく機会があれば、積極的に参加したいもの。接待する側、される側の態度や雰囲気がよく分かるためです。実際に様子を見ておくと、自分が主客となったときや接待のセッティングをするときに役立ちます。

二次会を設けてほしい…
"自分からは要求しない"が基本中の基本

二次会をこちらから提案するのはマナー違反です。相手が誘ってくれるまで待ちましょう。また、高価な料理のオーダーなどもしてはいけません。ただし、辞去は自分から切り出すのがスマートです。

（もう一軒いかがですか）

接待時の会話はココに注意

機密事項を漏らさない
ちやほやされているうちに口を滑らした…なんてことのないように。言ってはいけないことを自覚しておくこと。

タブーとなる話題は
他人の失敗談や悪口、相手に対する愚痴や説教はいけません。おわびで設けられた席なら、その話題には自分からは触れないこと。また、政治や思想、宗教に関する話題は、どんな場合でも控えましょう。

接待を断る場合は…

接待は禁止されている
包み隠さず正直に話しましょう
会社で接待自体が禁止されている場合、正直に「社の方針で禁じられておりますので」と話しましょう。ウソをつくとたびたび断ることになり、相手にも誘う手間をかけさせます。

気乗りしない
忙しさを理由に断るのが一番
「スケジュールの都合で」と濁すのが得策。「禁止されている」はほかの社員まで巻き込むことになるのでNG。

上司に反対された
反対する理由をはっきりさせて
なぜ上司が反対するのかを、明確にすること。要望を聞けないのが理由なら、相手にその旨を伝えます。

出張時の心構え

出発前には交通ルートや忘れ物、スケジュールに無理がないかを確認。観光気分で出掛けるのはいけません。

出張が決まったら

出張申請書を提出
まず上司に出張の許可を得ます。次に会社の決まりに従って書類を提出します。

↓

スケジュールを立てる
出張する目的を考えて計画。近場で余裕があるなら、できれば日帰りしましょう。

↓

必要ならばアポ取り
得意先を回るのであれば、先方に連絡をして日にちと時間を約束します。

↓

出張日程表を作成→提出
スケジュールと宿泊先を明記します。コピーを部内、家族に渡しておけば安心。

↓

出発

出張時のおもな持ち物

□資料
量が多いようなら、出張先に郵送しましょう。

□名刺
訪問先の件数より、10〜20枚ほど多めに用意。

□携帯電話
出張先から連絡するため。充電器も必要。

□パソコン
必要なら、ノート型パソコンとコンセントを。

□地図
ナビが付いていても持っていくと便利です。

□洗面用具など
日数分の下着、ワイシャツ、ネクタイを持参。

出張先を下調べする

土地の状況を調べます
初めて出掛ける土地であれば、地図を入手しておくこと。また、電車で移動するなら時刻表も調べましょう。1時間に1本しか電車が来ない場合もあるためです。

設備の状況を調べます
パソコンや作業服など出張先の設備を確認。それに応じて持ち物を替えます。

出張時のギモンあれこれ

お土産は買うべき？
自社への出張土産は必要ありません
訪問先へのお土産は出発前に購入。現地調達は失礼です。自分の会社へのお土産は必要ありません。

観光してもOK？
基本的にはダメ 上司に相談を
仕事終わりに自腹で…なら、あらかじめ上司に了承を得て。ただしそのために予定を調整するのは×。

いつまでが出張？
会社に帰るまで気を抜かないで
交通費、宿泊費など費用はすべて会社持ち。原則的に朝から自社に帰るまでが出張だと思いましょう。

第3章 接客と訪問マナー 出張時の心構え

出張中の行動

早めに行動する

土地勘のない場所だと道に迷うなどのトラブルが考えられます。スケジュールの移動時間は多めに取っておきましょう。当日の朝は、早めに自宅を出発しましょう。

● 上司が同行する場合

車で移動
オーナーカーならその車の持ち主が運転。レンタカーであれば、なるべく自分が運転すること。

公共機関で移動
チケットが必要な場合は手配をしておきます。電車の時間や乗り換えは新入社員が調べておくものです。

新幹線・列車の席次

3	5	1
4	6	2

進行方向 →
窓

新幹線や列車などは窓際が上座になります。指定席を取る場合にはその点を考慮しましょう。

※①から順に上座→下座

● 長期の出張なら——

一日1回報告の電話を
特に問題が起こらなかった場合でも、会社の終業時間になったら電話で上司に報告をします。このときの報告は簡単なもので大丈夫です。

緊張感を忘れない
2泊以上すると気が緩みがち。毎朝身なりを整えるなど緊張感を保って。

食事に誘われたら…
次に予定がないのなら誘いを受けてOK

訪問先から食事の誘いがあった場合は、そのあと用事がないなら受けましょう。ただし、翌日に響く深酒やハメを外した行動には注意を。ごちそうになったのなら上司に報告します。また、会社の経費で勝手に支払うのはいけません。

帰社後の処理

上司に報告する

会社に戻ったら、出張先での出来事や成果などを上司に伝えます。あとで出張報告書を書くので二度手間だと思うかもしれませんが、報告書より先に上司の耳に入れておくと、何か問題があった場合に対処がしやすいのです。

先方に一報入れておく
訪問先の担当者に電話し、無事到着した旨とお礼を伝えます。出張先での打ち合わせで決定事項があればFAXを入れておきましょう。

出張報告書を作る
会社のフォーマットに従って、出張報告書を作成します。提出が遅くならないよう、帰ったらすぐに取りかかるようにします。

経費精算を済ませる
旅費交通費や宿泊費など、出張の間にかかった費用の領収書は長く置くと忘れがち。なるべく早く経理部へ回すようにします。

ビジネス力UP講座

心をつかむ雑談テクニック

雑談をきっかけに相手の気持ちをキャッチ

打ち合わせの導入部や初対面の人と話すときに、話題に困ったことはありませんか？　そんなときに役立つのが雑談のテクニックです。雑談とはとりとめのない会話のことですが、それが糸口になって思わぬ情報が得られる場合もあります。一般に、雑談の内容は「岸に足立ちて・衣食住」と覚えると便利です。

「き」は気候。天気模様やその年の天候などを話します。

「し」は趣味について。相手の趣味を聞き、知らない分野なら質問を交えて話を促します。

「に」はニュース。大きな事件はもちろん、身近に起きたエピソードなど。ただし、悲しいニュースや中傷ネタはNG。

「あ」は愛で、ほのぼのとする話題。「し」は仕事について。「た」は旅の思い出や予定など。

「ち」は知人。共通の知り合いの近況などを聞きましょう。

「て」は、テレビで見て記憶に残った事柄について。そのあと衣、食、住と続きます。

これはアプローチ話法といって、相手に歩み寄る話術の一つ。誰にでも共通する話題を足がかりに、会話を派生させることができます。質問攻めにするのではなく、自分の経験を交えつつ、相手の話を聞き出すようにしましょう。

第4章 ビジネス文書

ビジネス文書の基礎知識

仕事を円滑に進めるのにビジネス文書は不可欠。ルールにのっとって、分かりやすい文書を作りましょう。

自分の意図は文書で正確に

重要な案件で、誤解や勘違いがあると困る場合、口頭での伝達は信頼性に欠けます。相手との意思疎通を正確にするには、文書でのやりとりが一番です。しかし内容が伝わりにくいと意味がありません。巧妙な文章というよりも要点が明確に伝わるようシンプルな文章でまとめることが重要。また、文書化には記録として残す意図もあるので内容の正確さは必須です。

文書化する意味

- 必要な情報を正確かつ迅速に伝えるため
- 内容を証拠として残すため
- 法的な効力を発揮するため

ビジネス文書の種類

社内文書

効率のよさを重視するので儀礼的な表現は基本的に必要ありません。要件を率直に伝えます。

●上司や会社から部下へ
指示文、通達文、辞令など命令・指示を意味する文書。

●部下から上司や会社へ
稟議（りんぎ）書、報告書、企画書、顛末（てんまつ）書、始末書など。

社外文書

会社を代表して作る文書なので、正確さに加え礼儀も必要。時候のあいさつを交えつつ簡潔にまとめます。

●日常業務関連のもの
依頼状、回答書、請求書、注文書、確認状など。

●仕事でのトラブルに関連するもの
わび状、抗議状、督促状、反駁（はんばく）状、断り状など。

●社交、儀礼関連のもの
あいさつ状、案内状、招待状、紹介状、祝い状、弔慰状など。

第4章 ビジネス文書　ビジネス文書の基礎知識

ビジネス文書のルール

口語体は避け文体を一つに統一

文体は「＊＊をやった結果～」などの口語体は厳禁。です・ます調が一般的ですが、会議資料などではである調を使うことも。

表現が難しい言葉はなるべく使わない

相手に意図を正確に伝えるには、分かりにくい表現や難しい言葉はなるべく避け、誰でも分かるような日常的な言葉に言い換えます。また、専門用語やなじみのない外来語はできるだけ使わないようにしましょう。どうしても必要なときは語句の解説や注釈を付けるようにします。

基本は横書きで作ります

あいさつ状や案内状など一部の社外文書を除いて、ビジネス文書は横書きで作るのが一般的です。

記号や改行を的確に使う

本文を段落分けしたり、同じ項目を箇条書きにしたりするとすっきりとした文面に。また、句読点、改行を多く使ったほうが文章のリズムがよくなり余白もできるため、内容も伝わりやすくなります。かっこなどの記号や符号も、正確に使えば文書のどこが重要か読み手に分かりやすくなります。

漢字ではなくアラビア数字で

数値はアラビア数字で。万を超える数値は1万とし、3けたごとにカンマで区切ると読みやすくなります。

見出しをつけて分かりやすく

簡潔に文書の種類を伝えるため見出しは必須。読み手の興味を引くよう工夫してまとめます。

完成したらチェックを必ず行う！

急いでいても読み返すこと

ビジネス文書は内容が正確でなければその機能を果たしません。作成後はどんなに忙しくても一度読み返し、自分の連絡先や、日付、あて名、数字、項目に漏れがないか校正しましょう。

数字、名前の間違いは×

数字の間違いはトラブルの元なので念入りに確認を。また、名前の間違いは最も失礼なことなので十分気をつけましょう。

言葉遣いは正しく

「てにをは」や敬語の使い方は、間違えると書き手の見識を疑われます。また、パソコンで文書を作るときは、「関心」「感心」などの同音異義語の変換間違いにも注意しましょう。

ビジネス文書の基本フォーマット

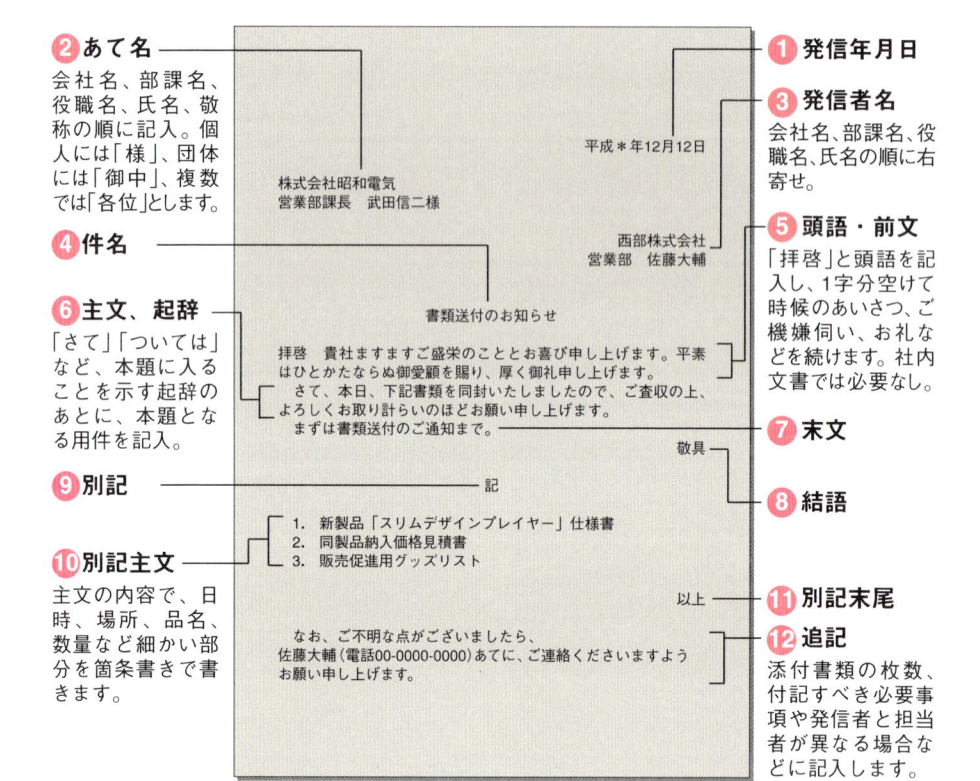

❷ あて名
会社名、部課名、役職名、氏名、敬称の順に記入。個人には「様」、団体には「御中」、複数では「各位」とします。

❶ 発信年月日

❸ 発信者名
会社名、部課名、役職名、氏名の順に右寄せ。

❹ 件名

❺ 頭語・前文
「拝啓」と頭語を記入し、1字分空けて時候のあいさつ、ご機嫌伺い、お礼などを続けます。社内文書では必要なし。

❻ 主文、起辞
「さて」「ついては」など、本題に入ることを示す起辞のあとに、本題となる用件を記入。

❼ 末文

❽ 結語

❾ 別記

❿ 別記主文
主文の内容で、日時、場所、品名、数量など細かい部分を箇条書きで書きます。

⓫ 別記末尾

⓬ 追記
添付書類の枚数、付記すべき必要事項や発信者と担当者が異なる場合などに記入します。

平成＊年12月12日

株式会社昭和電気
営業部課長　武田信二様

　　　　　　　　　　　　西部株式会社
　　　　　　　　　　　　営業部　佐藤大輔

書類送付のお知らせ

　拝啓　貴社ますますご盛栄のこととお喜び申し上げます。平素はひとかたならぬ御愛顧を賜り、厚く御礼申し上げます。
　さて、本日、下記書類を同封いたしましたので、ご査収の上、よろしくお取り計らいのほどお願い申し上げます。
　まずは書類送付のご通知まで。

　　　　　　　　　　　　　　　　　　敬具

記

　1. 新製品「スリムデザインプレイヤー」仕様書
　2. 同製品納入価格見積書
　3. 販売促進用グッズリスト

　　　　　　　　　　　　　　　　　　以上

　なお、ご不明な点がございましたら、佐藤大輔（電話00-0000-0000）あてに、ご連絡くださいますようお願い申し上げます。

定型文を活用する

フォーマットで効率よく

ビジネス文書にオリジナリティは必要ありません。特に社外文書は慣れないあいさつ文も入るので文例を基本に独自のフォーマットを作っておき、必要事項だけを書き換えるほうが楽です。文例は本やインターネットでも検索できます。

第4章 ビジネス文書　ビジネス文書の基礎知識

敬語を使いこなして美しい文章に

主に社外文書で必要です

敬語には丁寧語のほか、立場に応じて変わる尊敬語、謙譲語があり、社外文書であれば使い分けが必要です。ただし敬語は過剰に使うと要点が伝わりにくく、冗長な印象になるので気をつけましょう。

人や物の呼び方リスト

対象	相手側にあるとき	自分側にあるとき
個人	あなた様・貴殿・先生	わたくし・小職・小生
複数人	ご一同様・各位・おふた方	一同・両名・私ども
上役（上司）	ご上司様	上司
上役（係長）	貴係長様	係長
上役（課長）	貴課長様	課長
上役（部長）	貴部長様	部長
上役（社長）	貴社長様	社長
上役（会長）	貴会長様	会長
先輩	ご先輩、ご敬友	先輩、敬友
友人	ご友人	友人
親友	ご親友	親友
学友	ご学友、ご同窓	学友、同窓
下役	（氏名）様、（氏名）氏	氏名のみ
後輩	（氏名）様、（氏名）氏	氏名のみ、（氏名）君
社員	貴社員、貴店員、貴行員	弊社員、弊店員、弊行員
工場	貴工場、御工場	弊工場、当工場
会社	貴社、御社	弊社、小社、当社
場所	貴地、御地、貴市、貴地方、そちら（様）	当地、当市、当地方、こちら
氏名	ご芳名、ご貴名	氏名、名
意見	ご高見、ご高案、ご高説、ご卓説、貴案、貴意	私見、私考
承諾	ご承諾、ご高承	承諾、承る
努力	ご尽力	微力
気持ち	ご厚情、ご芳情、ご芳志、ご厚志	微志、薄志
品物	ご佳品、結構なお品	粗品、心ばかりの品
宴会	ご盛宴	小宴
手紙	ご書面、ご書状、ご芳書、御書、貴簡	書面、寸書、書状
父親	お父上（様）、ご尊父様	父、老父、実父
母親	お母上（様）、ご母堂様	母、老母、実母
夫	ご主人様	夫、主人、宅、氏名のみ
妻	奥様、奥方様、御令室様	妻、家内

敬語の種類

丁寧語　丁寧な言葉遣いで相手への敬意を示します。語尾に「です」「ます」「ございます」などを付けます。

尊敬語　相手を自分より上に置いて敬意を表します。「書かれる」「お読みになる」「ご覧になる」などがあります。

謙譲語　自分がへりくだって相手に敬意を払う表現。「頂く」「参る」「拝見する」「○○いたす」などがあります。

これはNG！

例えば「**様でございますか」「ご拝見させて頂きます」など、尊敬語と謙譲語の使い方は間違いやすいので注意しましょう。

❶ ×「ご開催いたします」
　→「開催いたします」

❷ ×「ご尽力になれる」
　→「お役に立てる」

❸ ×「多忙中」
　→「ご多忙中」

間違った文例

このたび弊社におきまして、会社説明会をご開催いたします。弊社の業務内容、実績等をご紹介し、また将来の見通しなどにつきご説明申し上げます。皆様の会社選びのご尽力になれるかと存じますので、多忙中とは存じますが、ぜひご参加くださいますようお願い申し上げます。

ビジネス文書作成のヒント

読み手にとって、ダラダラ長い文書を読むのは苦痛。見た瞬間に要点が頭に入る、簡潔な文書にしましょう。

すっきりとまとめます

ビジネスでは読みやすい文書が求められます。よって、余白を多く取ったり、箇条書きにしたりと、視覚的な工夫が必要。また、一つの文書には1件の事柄を書くこと。複数の内容に触れる文書は、相手の決裁が困難になり、仕事が遅れる原因になってしまいます。

読む人は誰か考える

読み手が自分と同じ見解だとは限りません。関係のない第三者が読んでも分かるような言葉を選んで

POINT 1 なるべく短い文書でまとめる

相手が気軽に読める分量

文字量の多い文書は、相手が読む気を失います。読みやすい文書にするには短くまとめること。伝えることが多いときは、最初に要約をつけましょう。

一文は短くまとめて

一つの文は接続詞を多用せずに短く簡潔にまとめます。一文につき、一つの内容としましょう。

一つの文章は7〜8行で

一つの文章は7〜8行に収め、それ以上続くならいったん改行して段落を分けます。

箇条書きを効果的に

込み入った内容や複数の要素を伝えなければならない文書は、箇条書きでまとめます。

POINT 2 起承転結を大切に

結論から述べましょう

普通の文章は起承転結でまとめますが、ビジネス文書における「起」は結論にあたります。要点を分かりやすくまとめ、最後に自分の見解や提案を入れれば完成。

起 まずは伝えたいことの結論から書き出します。前置きは頭語と前文のみ。

承 初めに書いた結論がどうして導き出されたか、裏付ける説明をします。

転 普通の文章の「起」に転じた後、自分の提案へ導くため問題提起を行います。

結 結果を受けての所見、対策、相手への要望などを目立つようまとめます。

第4章 ビジネス文書　ビジネス文書作成のヒント

POINT 3　5W2Hで明瞭かつ正確に伝える

文書の肝は箇条書きで

相手に伝えなければいけない必須項目は、5W2Hで表します。その中には文書の対象や具体的な数値が入るので、項目ごとに箇条書きで表すなど書き方を工夫しましょう。最も重要な部分なので必ず最後に見直すことが大切です。

POINT 4　表現を分かりやすく

誰が見ても理解できるように

人によって違う受け止め方をするようなあいまいな表現は厳禁。また、形容詞や副詞はなるべく使用せず、具体的な数値を交えると状況が分かりやすくなります。

たとえばこんな文章は不明瞭！

- 新しい店のカタログを今週中に送って頂きたいのですが…
- 新店舗の商品カタログを、今週中に発送すればいいのかな
- 最新版の商品カタログを、金曜に届くように送ればいいかな

POINT 5　基本フォーマットを利用

定型文が求められることも

定型文を使うと文書作成が楽になるだけでなく、見る側も管理がしやすくなります。社内文書では、規定の書式が定まっている場合もあります。よく使う文書は書式のデータファイルを自分で保管しておきましょう。

ビジネス文書の5W2H

WHEN（いつ）
発信日、実施日、期限、期間、開催日時、決済日など。

WHERE（どこで）
会場住所、集合場所など。地図、アクセスなどの資料も添付。

WHO（誰が）
発信者名、対象者名など。文書の責任の所在や対象を明確に。

WHAT（何を）
件名。簡潔であることはもちろん、具体的に分かりやすく。

WHY（なぜ）
目的、根拠、企画、方針など。伝える側の意図が伝わるように。

HOW（どのように）
状況説明と方針。文書作成の経緯とこれからの行動を示します。

HOW MUCH（いくら）
予算、見積もり、経費、費用、注文量などお金にまつわる数値。

社内文書の基礎知識

儀礼的な表現が必要ないからこそ、まとめる力が大切な社内文書。会社の形式があるなら合わせましょう。

求められた期限を厳守

社内で取り交わす文書では礼儀は最低限守られていればよく、前文などはいりません。その代わり内容と効率が重視され、長い報告でも、要点がすぐに伝わる表現が求められます。また、作成のタイミングやスピードにも配慮が必要。提出が早すぎても遅すぎても相手の仕事に影響を及ぼします。

社内文書の敬語の使用法

常套句（じょうとうく）を覚えましょう

過度の敬語は必要なく、「です・ます」調の文体で書けていれば問題ありません。事務的な言い回しを、覚えておくといいでしょう。

●社内文書の種類

指示や命令をするためのもの
指示文、通達文、辞令

報告や届け出をするためのもの
報告書、企画書、決裁を求める稟議（りんぎ）書、申請書、届出書など

連携や調整をするためのもの
伝言メモ、回覧文、案内文、照会文など

記録や保存をするためのもの
議事録

基本的に使わない表現　これはNG!

- 頭語
- 時候のあいさつ
- 安否の確認
- 結語

「ございます」「お願い申し上げます」などの敬語は、たとえ上司にあてる文書でも場違いな印象です。

敬語の使い方は臨機応変に

●トラブルにかかわること

始末書や進退伺など、自分の立場をかけた文書では、最上級に丁寧な表現にします。ぞんざいな敬語では反省の意が伝わりません。

例「……の不注意が原因であると判明いたしましたので、ここにご報告申し上げます」

「なにとぞ寛大な処置を賜りますよう、お願い申し上げます」

●事務的な要素のもの

電話の伝言メモなど、日常的な業務に関する文書で丁寧すぎる言葉使いは不自然です。最低限の敬語で伝えるほうが効率よく見えます。

例「○○様からお電話がありました。このあと席を外すのでまたかけ直されるそうです」

「○○の会議の結果について、後ほどご報告します」

第4章 ビジネス文書　社内文書の基礎知識

社内文書の基本フォーマット

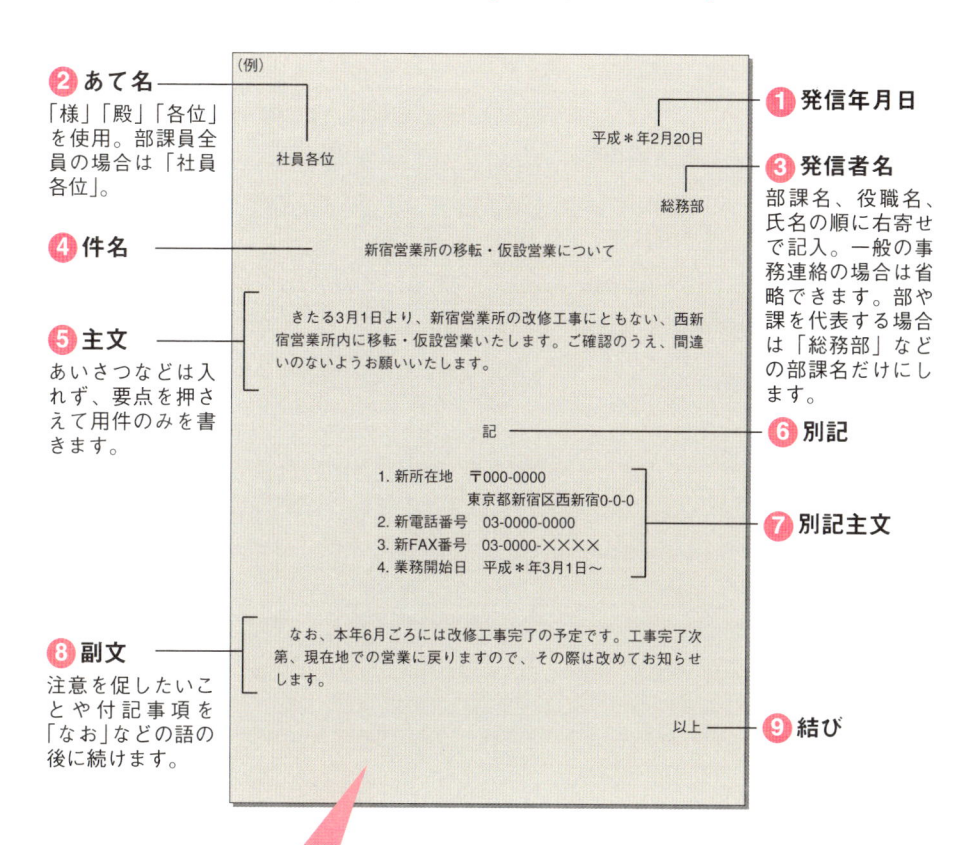

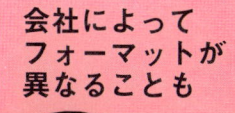

②あて名
「様」「殿」「各位」を使用。部課員全員の場合は「社員各位」。

④件名

⑤主文
あいさつなどは入れず、要点を押さえて用件のみを書きます。

⑧副文
注意を促したいことや付記事項を「なお」などの語の後に続けます。

①発信年月日

③発信者名
部課名、役職名、氏名の順に右寄せで記入。一般の事務連絡の場合は省略できます。部や課を代表する場合は「総務部」などの部課名だけにします。

⑥別記

⑦別記主文

⑨結び

（例）

社員各位

平成＊年2月20日

総務部

新宿営業所の移転・仮設営業について

きたる3月1日より、新宿営業所の改修工事にともない、西新宿営業所内に移転・仮設営業いたします。ご確認のうえ、間違いのないようお願いいたします。

記

1. 新所在地　〒000-0000
　　　　　　東京都新宿区西新宿0-0-0
2. 新電話番号　03-0000-0000
3. 新FAX番号　03-0000-××××
4. 業務開始日　平成＊年3月1日～

なお、本年6月ごろには改修工事完了の予定です。工事完了次第、現在地での営業に戻りますので、その際は改めてお知らせします。

以上

！会社によってフォーマットが異なることも
独自の形式があるならそれに合わせて作ります。部課ごとに形式が異なることもあるので注意。

社内文書のポイント

すっきりと事実を述べる
社内文書では、上司への報告や議事録など文章量が多くなりがちです。結論は先に述べ、その理由を客観的に、事実のみを簡潔に書きましょう。

提出期限を守る
期限を過ぎると意味がなくなってしまいます。

明確で分かりやすく
分かりづらく難しい表現はなるべく避けます。

コンパクトにまとめる
5枚以上の文書は、最初に箇条書きで要約して。

社内文書フォーマット集
～実務に使う文書～

企画書

企画を進めると会社にどんなメリットがあるか、その部分をアピールするのが企画書。自分の訴えに酔わず、上司や担当者が読みたい情報を集めること。

新製品開発の企画書

```
(例)
                                    平成＊年8月30日
総務部　大塚健太郎殿
                          企画部販促課　木村孝志

            レトルトカレーシリーズ新商品開発企画書

企画意図
　今や若者を取り巻く食環境は急速に変わり、健康志向、辛口嗜好の商品が大きな成功を収めています。こうした消費者ニーズに対応して、当社のレトルトカレーシリーズにも新商品の開発が必要不可欠。新製品投入によって購買者層の拡大が期待できます。

テーマ
　厳選素材を活かしたレトルトカレーの開発

コンセプト
　若者の嗜好の変化を捉えた激辛味のレトルトカレー

マーケティング
〈販売対象〉
　メインターゲットは関西エリアに住む10～20代の若者
〈販売ルート〉
　① 当社加盟販売店
　② 小売店、コンビニエンスストア
　③ インターネットによる販売
〈販売促進策〉
　販売時期に合わせ各店舗での大規模なキャンペーン
〈広告・宣伝〉
　テレビCM、雑誌・新聞広告、自社ホームページ

商品内容
　① 刺激のある激辛レトルトカレー
　② アジア各国から仕入れたスパイスをブレンド
　③ 北海道の玉ねぎ、熊本県のトマト、
　　 青森産のりんごを使用
```

◆**企画意図**
「何」を「なぜ」作るのか、メリットを明確にしながら簡潔に。

◆**コンセプト**
一つのキーワードで商品を明確に表現しましょう。

◆**戦略**
企画を実現するために、効率的な方法や企画の効果を上げる事柄を具体的に示します。

広告宣伝の企画書

```
(例)
                                    平成＊年8月12日
事業部長殿
                          企画宣伝部　大橋智久

         新商品　イチゴのレアチーズケーキの
              インターネット広告実施企画

1. 現状
　今春に発売開始した「イチゴのレアチーズケーキ」については、広告活動を行っている。しかし、当初の目標売り上げに達しておらず（達成率80％）、今後も現状以上のレスポンスは期待できない。

2. 企画の目的
　① 購買対象者への意識を高める
　② 新規ユーザーの獲得

3. 企画の概要
　① インターネット検索サイトの女性向けコンテンツへの広告掲載
　② プレゼント応募＆アンケート
　③ 掲載期間＝5カ月

4. 実施費用
　500万円

5. 添付資料
　① マーケット動向調査結果
　② インターネット検索サイトの最新アクセス実績

                                         以上
```

◆**現状**
現状のままでの予測を加えて新広告の必要性を訴えます。

◆**目的**
広告により得られる効果を明確に表現。箇条書きが適切。

◆**資料**
相手の理解を深め、決断させるためには、写真やグラフなど視覚的に訴えるものを盛り込むのがコツです。

POINT　企画に説得力を持たせるには「戦略」の部分が重要。販売対象に訴えかける販売促進策や広告・宣伝の方法など、目標を達成するための方法を、箇条書きで具体的に。

第4章 ビジネス文書　社内文書の基礎知識

報告書

伝えるべき項目は漏れがないようにし、箇条書きにします。詳細なデータが必要な場合は、別紙資料としてまとめましょう。結論は率直に述べ、それを導くために論理性を持たせます。成果が得られない場合はその理由を冷静に分析。

会議報告書

```
（例）

                第53回営業会議報告書

 1. 日時   平成＊年7月12日（火）　午前11時〜午後1時

 2. 場所   本社2F　第一会議室

 3. 出席者
    本社        渡部淳弘、繁田勝也、武田政文、
                熱川聡、田端俊夫
    大阪支社    田代伸吾、沼田俊夫、安藤和重
    福岡支社    名取孝史、藤堂昭之、矢野茂雄
    欠席者      本社　磯部啓二（海外出張のため）

 4. 課題
  1) 平成＊年度営業販売の目標計画設定の件
  2) 本支社のオンラインシステム拡充の件

 5. 決定
  1) 社長より、来年度営業販売目標の大枠について指示。
     本社、各支社の営業部は平成＊年3月までに、販売目標に
     関して十分討議のうえ、結論を出して本社に報告。
     平成＊年3月中旬に、営業本部会議にかけて決定する。
  2) 名古屋支社の新設にともない、端末機の増設と、各支
     社間のオンラインシステム化を図るため、新機種導
     入を検討する。新機種の検討は本社総務部と本支社
     の営業部とで行い、本年10月までに結論を得て、12
     月の営業会議において報告する。
                                         以上
```

◆**出席者**
出席者、欠席者を分けて書きます。氏名の誤字に注意。

◆**決定事項**
会議で決まったことを分かりやすくまとめます。

◆**添付書類**
会議資料など、添付書類がある場合は、その内訳を書きます。

◆**具体的なデータ**
数値は記入漏れに注意。発言の記録は、誰の発言かを正確に。

> **POINT** 決定した事項は私見を交えず客観的に書くこと。

掲示文

簡潔にまとめることが大前提。日時や場所といった具体的な項目は別記として箇条書きに。

社内行事の掲示文

```
（例）
                                     平成＊年4月21日
  社員各位

                  懇親会のお知らせ

    春風が心地よいこのごろ、皆様にはますますご清祥のこと
  とお喜び申し上げます。
    さて、本社では下記により今年度も懇親会を開催いたします。
    ご多忙のこととは存じますが、皆様のご参加をお待ちして
  おります。

                        記
 1. 日時     平成＊年4月30日（金）　18:00〜20:00
 2. 会場     東京国際ホテル　10階　宴会室
           （住所 渋谷区渋谷0-0-0　電話 03-0000-▲▲▲▲）
 3. 会費     3,000円
 4. 問い合わせ　総務部　高橋　03-0000-××××
                                         以上
```

稟議書

会社の上層部が見るものなので、文体はいつもより丁寧に。目的や内容、提案を採用することで得られる効果をしっかり訴えます。

事務機購入の稟議書

```
（例）
                                     平成＊年5月6日
  総務部長殿
                               営業部長　佐藤直樹　印

                  FAX買い替えの件

    事務作業の効率化を図るため、下記により、標記につ
  いてご検討願います。

 1. 品名        506GL　（OPC社製）
 2. 価格        30万3,000円（別紙見積もり参照）
 3. 数量        1台
 4. 理由        処理能力の限界による事務作業への支障
              （詳細別紙参照）

 5. 添付資料    見積書1通
              現有機との性能比較表1通
              理由詳細と利用計画表1通
                                         以上
```

◆**必要性**
現状の説明と、購入するものの効用を簡潔に述べましょう。

◆**内容**
品名、価格などを箇条書きで。具体的だと決裁がスムーズ。

◆**資料を添付**

社内文書フォーマット
～ミスやトラブルに関する文書～

顚末書、理由書

顚末書（てんまつしょ）や理由書は、トラブルが起きたときにその経緯を説明するための文書です。反省の意を示すことは必要ですが、事実は客観的に述べ、最後に今後の対応策を示します。

システム不具合についての顚末書

（例）

平成＊年10月15日

顚末書

システム部部長
大塚武志殿

　　　　　　　システム部管理課　池田亮

　このたび発生いたしました、新旧システムの統合作業の不備に関しまして、以下のような事実が判明いたしましたので、ご報告申し上げます。

1. 新旧システムの統合作業において、両担当者間の連絡が不徹底だった。
2. 旧システムの担当者北村純一が新システムの担当者に渡したテスト用のデータに、災害特約発効の場合の金額が抜けていた。
3. 上記の理由により、統合テスト中に数回、新旧の合計値に不一致が見られたが、原因の解明に至らなかった。
4. 新システム担当者白木誠からの不具合の報告が遅れたため、結果として原因が解明されぬままシステム統合に踏み切ってしまった。
5. システム統合直後に新旧合計値が不一致となり、統合に失敗。

　現在は旧システムのみで稼働中ですが、上記の原因が本日解明され完全なデータによる統合テストをクリアいたしました。

以上

◆報告のはじめ方
5W2Hのうち「いつ」「どこで」「何が」起こったのかの簡潔な記述から始めます。

◆内容
簡潔に説明するには、箇条書きが最適。被害などの数値を分かる範囲で具体的に書くこと。

◆現在の状況
現在どのような対応をとっているかに加え、今後の事故再発を防ぐ策についても記述。

> **POINT**
> トラブルの経緯については、時系列に並べて書くと流れがつかみやすくなります。

◆事実とその理由
「いつ」「どこで」「何が」「なぜ」起こったのかを簡潔にまとめます。

◆事故の様子
分かる範囲で、現場の状況をなるべく詳しく伝えます。

◆損害や被害
何にどれだけの損益が出たのか、数字は具体的に記入しましょう。

商品破損事故についての理由書

（例）

平成＊年11月11日

理由書

商品部部長殿

　　　　　　　商品部管理課　石川達哉

　平成＊年11月1日、窓ガラス納品の際に起きました商品の破損事故の原因について、以下の通りご報告申し上げます。

記

1. 平成＊年11月1日15時30分頃、当社出荷ターミナルのある茨城県南部が、東京湾を震源とする震度6の地震に見舞われた。
2. 同日同時刻は、出荷ターミナルにおいてトラックによる出荷作業中で、激しい横揺れにより当該商品が荷台から約4メートル下のコンクリートに箱詰めのまま落下した。
3. 合計10箱が損害を受け、当社製品の窓ガラス、合計320枚が破損した。

以上

第4章 ビジネス文書　社内文書の基礎知識

進退伺

大きなトラブルに際し、現場を管理する立場の人が提出する伺い書。事実を伝えるより謝罪の意を示す意味が強く、定型的な文章になります。

> （例）　　　　　　　　　　平成＊年6月15日
> 　　　　　　進退伺
>
> 新星産業株式会社
> 代表取締役
> 長谷川健二殿
> 　　　　　　　　　神奈川区工場長　遠藤浩一
>
> 　このたびの、神奈川区工場で発生いたしました、機械室における火災事故につきましては、小職の指導・管理に手落ちがあったためのものでございます。
> 　小職の監督不行き届きと、工場設備管理補修の不徹底から、このような事態を招いてしまい、会社に対して多大な損害を与えましたうえに、社会的に当社の名誉を傷つけましたことを、深くおわび申し上げます。
> 　以上の件につき、全責任を負って職を辞したく、ご決裁を賜りますよう、ここに辞表を同封してご指示をお待ち申し上げます。

これはNG!

誰かに責任を押し付ける表現は管理者失格。自分の監督不行き届きを謝罪しましょう。

このたびの件に関しましては、<u>私どもの部下の責任でございます</u>。<u>再三の注意にもかかわらず工場設備の点検を怠っており、このような事態を招いてしまいました</u>。会社に対して多大な損害を与えましたうえに、社会的に当社の名誉を傷つけましたことを、深くおわび申し上げます。

◆自分の呼び方
自分のことは「私」ではなく、「小職」というへりくだった呼び方で書きます。

◆謝罪
予期せぬ事故でも、管理者としての不手際を認めましょう。

◆辞表を同封
進退を会社に委ねるので辞表は必須。提出の時期にも注意。

始末書

始末書は会社に提出する反省文です。自分がトラブルを起こしたときに、反省とおわびの気持ち、再発防止に向けての決意を示します。

> （例）　　　　　　　　　　平成＊年10月10日
> 　　　　　　始末書
>
> 大海商事株式会社
> 代表取締役社長
> 大木真一殿
> 　　　　　　　　　　　総務部　市川幸太
>
> 　平成＊年10月1日、当社東京工場から大阪市キムラ工業に出荷いたしましたコンピュータにつきまして、一部の製品に高温によって生じた作動不良の欠陥があり、当社並びにキムラ工業に多大なご迷惑と損失を与えましたことを深くおわび申し上げます。
> 　このことは、私の監督不行き届きが原因でございます。今後は、倉庫の温度管理を徹底すると同時に、二度と同じミスが起こらぬよう、十分に注意を払う所存です。
> 　なお、私の不始末から会社に与えた損害金額は、以下の通りであり、ご処置については会社の決定に従います。
>
> 　　　　　　　記
>
> 　　　コンピュータ　5台　50万円
> 　　　再配送料　5万円
>
> 　　　　　　　　　　　　　　　　　以上

◆いつ、どこで、何をどうしたのかはっきり
自分が起こしたトラブルについて簡潔に説明。弁解はせず、過失や不始末を明らかにします。

◆状況を的確に伝える
損害金額が発生している場合は別記に。事故についての詳しい説明は顛末書を添える方法も。

◆決意や反省を表明する
原因の所在を明確にしたうえで今後の決意を述べ、処分を会社に委ねます。

社外文書の基礎知識

社外文書には実務に関するものと儀礼的なものがあり、ここでは実務関係の文書の書き方を取り上げます。

記録に残ることを配慮

ビジネス文書と呼ばれるもののほとんどは社外文書を示します。おもな役割は実務を円滑に進めること。コミュニケーション手段としてよりも、内容の記録としての意味合いが大きくなります。あいさつなどの礼儀は欠かせませんが、それ以上に相手に伝えるべきことや回答を、正確に記載することが求められます。

社外文書の心得

- 伝えるべき情報を間違いなく伝達するため、作成後は上司などチェックする人の決裁を受けましょう。

- 余計な修飾語は徹底的に省き、要点をはっきり示すような分かりやすい文章に仕上げましょう。

- 社外の人にあてるときには、どんな文書でも自社を代表する立場にいるのを忘れないようにしましょう。

- 前文・末文などにあいさつを入れる、敬語を正しく使うなど必要最低限の礼儀を押さえた表現が好ましいです。

- トラブルのときは感情的なやりとりは避けて客観的に事実を述べます。自社の主張ははっきりと記します。

頭語と結語

通常の場合	拝啓 ― 敬具
丁重な場合	謹啓、謹呈 ― 謹白、謹言
急用の場合	急啓、急白 ― 草々、不一
前文省略の場合	前略 ― 草々 ※ビジネス文書では不可
返信の場合	拝復 ― 拝答、敬具

第4章　ビジネス文書　　社外文書の基礎知識

社外文書の基本フォーマット

基本的な構成

前付　発信年月日、あて名、発信者名の順。あて名は左寄せ、他は右寄せに書きます。

↓

件名　「〜について」「〜の件」など、内容がひと目で分かるように記入します。

↓

前文　頭語、時候のあいさつ、ご機嫌伺い、お礼の順。急用は「急啓」としてあいさつは省略可。

↓

主文　「さて」「ついては」と1拍おいて、本題となる用件を記入。必ず改行をします。

↓

末文　「拝啓」なら「敬具」とあいさつし、頭語に対する結語で締めます。

↓

別記　「記」として、詳細を書きます。箇条書きの体裁がベスト。数字を記す場合は誤りに注意。

↓

副文　注意事項や出欠席を知らせる方法、ほかの担当者などの付記事項を最後に書き加えます。

(例)
```
お取引先各位
                          平成＊年10月10日
                          株式会社新星建設
                          営業部長　富沢裕之

        新製品発表会のご案内

拝啓　秋冷の候、秋もようやく深まってまいりました。
貴社ますますご発展のこととお喜び申し上げます。平素
はひとかたならぬご愛顧を賜り、厚く御礼申し上げます。
　さて、弊社では、新製品を発売することとなりました。
つきましては、下記の通り新製品発表会を開催いたします。
　ご多忙とは存じますが、ぜひお誘い合わせの上、ご臨
席賜りますよう、ご案内申し上げます。
                                    敬具
            記
1. 日時　平成＊年11月12日(月)午後2時〜4時
2. 場所　東京国際ホテル　3階　宴会場

　なお、誠にお手数ではございますが、同封の返信ハガ
キにて11月1日(木)までにご出欠をお知らせくださいます
よう、お願い申し上げます。
                                    以上

担当　総務部　松本弘
電話　03-0000-××××
```

末文あれこれ

末文
「まずはごあいさつまで」

「取り急ぎご通知申し上げます」

「まずは右、ご案内まで」

返事を依頼する場合
「ご多忙とは存じますが、ご返事を賜りたく存じます」
「折り返しご回答くださいますよう、お願い申し上げます」

前文あれこれ

ご機嫌伺い
「貴社いよいよご繁栄のこととお喜び申し上げます」
「貴殿いっそうご清栄と拝察申し上げます」
「皆様ますますご健勝の段、何よりと存じます」

↓

お礼
「平素は格別のお引き立てを賜り誠にありがとうございます」
「このたびは過分のご厚情にあずかり厚く御礼申し上げます」
「日頃より何かとご支援を頂き心より感謝申し上げます」

社外文書フォーマット
～実務的な文書～

案内状

説明会やキャンペーンなどへの参加をお願いするときは、相手のメリットを強調します。「参加したい」という気持ちを起こさせるよう、体裁や表現には工夫を凝らしましょう。

新製品の案内状

```
(例)                          平成＊年11月16日
阪急株式会社
営業部長　伊藤翔太様
                         株式会社東采
                         販売部長　山本拓也

         新製品説明会のご案内

拝啓　晩秋の候、紅葉も深みを増す季節となりました。
平素は格別のご愛顧にあずかり厚く御礼申し上げます。
　さて、かねてより当社が開発中でありました新製品
「YO901」がこのたびようやく実用化の運びとなりました。
「YO901」は、従来の機種にくらべて操作の簡便さと確実
さの点でまさに画期的な商品であります。
　つきましては、この製品の展示説明会を下記の通り開
催いたします。ご多忙の折とは存じますが、皆様お誘い
合わせの上、ぜひご来場を賜りますようご案内申し上げ
ます。
                                    敬具
              記
  1. 日時　平成＊年12月1日（月）　午後2時
  2. 場所　港区区民会館
         （別紙地図をご参照ください）
ご来場の際は本状をお持ちください。
記念品をご用意しております。
                                    以上
```

◆製品のアピール
新たな性能や特徴など、具体的な数字を記すと興味を引きます。

◆日時などは別記
日時や開催場所は箇条書きに。来場特典があるなら忘れず記載。

◆案内図を入れる
会場までの地図や交通手段は別紙で詳しく記すのがベストです。

POINT　1人でも多くの人を集めるには、製品のアピールに工夫を凝らすこと。

依頼書

好感を持たれるよう礼儀を尽くすことが必要です。返信用のハガキや切手を用意しましょう。

仕事の依頼書

```
(例)                             平成＊年10月20日
鈴木大樹先生
                         セーナン株式会社
                         〒000-0000
                         東京都新宿区新宿0-0-0
                         電話 03-0000-××××
                         FAX 03-0000-△△△△
                         Eメール watanabe@＊＊.co.jp
                                    渡辺智也

         原稿執筆のお願い

拝啓　秋冷の候、先生にはますますご清祥のこととお喜び申し上げます。
　さて、初めてご書状差し上げる非礼をご容赦頂きたく存じます。私ど
もは関東地区を中心に、就職活動や再就職、アルバイトなど仕事情報を
発信するタウン情報誌を制作している会社でございます。
　このたび、新年号におきまして「定年後の再就職」について特集を行う
ことになりました。
　つきましては、定年を迎えた高齢者の再雇用に造詣の深い先生に、
ぜひともご執筆を頂きたく、お願い申し上げる次第でございます。
　お忙しいところ誠に恐れ入りますが、下記要領にてご配慮頂ければ、
幸いでございます。
　なにとぞよろしくお願い申し上げます。
                                    敬具
              記
  1. テーマ　　定年後の再就職
  2. 字数　　　400字詰め原稿用紙で3枚
  3. 締め切り　11月25日（火）（新年号）
  4. 謝礼　　　2万円

なお、お手数ですが、ご執筆の諾否を同封のハガキにてお知らせ頂
ければ幸いです。
                                    以上
```

◆自分の連絡先をすべて入れる
相手が連絡しやすいよう、電話番号以外にもFAX番号やEメールアドレスなどを記載。

◆初めての相手には自己紹介
突然の非礼をわび、会社や自分の簡単な自己紹介をします。

◆なぜ依頼するのか明記
依頼の目的を明らかにし、相手を選んだ理由を具体的に説明します。

◆依頼事項
依頼内容の詳細、期日、謝礼は箇条書きで分かりやすく書きましょう。

第4章 ビジネス文書　　社外文書の基礎知識

交渉状

納期や代金といった重要事項の変更は書面で交渉します。一度決めたことを変えるのですから、筋の通った理由で相手を納得させましょう。

納期延期の交渉状

（例）　　　　　　　　　　　　　　　　平成＊年12月15日

株式会社オンライン
営業部　吉田和夫様

　　　　　　　　　　　　　　　　　西山株式会社
　　　　　　　　　　　　　　　　　山田勇雄

納期延期のお願い

拝啓　初冬の候、貴社いよいよご繁栄のこととお喜び申し上げます。平素は格別のご愛顧を賜り、厚く御礼申し上げます。
　さて、さる12月1日付でご注文いただきました「CDP－30」100台の件、現在鋭意生産中でございますが、下請け業者からの部品納入の際に事故が発生したため、期日の12月20日には間に合いそうもございません。
　つきましては、勝手なお願いで誠に恐縮でございますが、納期を3日後の23日にさせて頂けないでしょうか。
　ご迷惑をおかけして申し訳ございませんが、なにとぞご了解、ご容赦のほどお願い申し上げます。
　　　　　　　　　　　　　　　　　　　　　　敬具

◆交渉の理由を簡潔に
間に合わない直接の原因を端的に説明。いろいろ書きすぎるのは言い訳がましく見えます。

◆納期の日時
速やかに対処して、最短で納品できそうな日をはっきりと書きます。

◆交渉内容を簡潔に
トラブルを大きくしないため、交渉したいことがはっきり分かるように書き、誤解を防ぎます。

見積書

記載する内容は契約書と同じ効果を持ちます。特に金額などの漏れや誤りがないよう確認を。

見積書

（例）　　　　　　　　　　　　　　　　平成＊年9月9日

お見積書

件名　南北株式会社　全館トイレ改装工事

　標記の件に関する平成＊年9月1日付、貴社長様のご照会に対し、下記の通りお見積もり申し上げます。

記

1. 工事件名　全館トイレ改装工事
2. 見積金額　金890万円（消費税含む）
3. 見積明細　別紙明細書の通り
4. 工事完了期日　平成＊年10月15日
5. 受渡し条件　工事完了後1週間以内に検査、受渡し
6. 支払い条件　受渡し完了後1ヶ月以内（全額現金）
7. 見積有効期限　平成＊年9月20日
8. 当社照会先　北東建設株式会社　営業課
　　　　　　　電話03-0000-ＸＸＸＸ
　　　　　　　担当者　中村哲也
　　　　　　　　　　　　　　　　　　　　　　　以上

◆主文は簡潔に
「いつ」「誰に」「何の」見積もりを依頼されたかを明記します。

◆箇条書きにする
依頼に合わせて項目を記し、数字が並ぶなら別紙に添付します。

注文書

自社から他社へ品物を注文する書類です。

注文書

（例）　　　　　　　　　　　　　　　　平成＊年4月4日

株式会社ミラクル
営業部　小林豊様

　　　　　　　　　　　　　　　　　大森株式会社
　　　　　　　　　　　　　　　　　総務部　加藤進

注文書

拝啓　春色の候、貴社ますますご発展のこととお喜び申し上げます。日頃は格別のご高配を賜り厚く御礼申し上げます。
　さて、このたび貴社ご発売のダイニングテーブルおよびカウンターテーブルは極めて好評を博し、受注が相次いでおります。
　つきましては、下記の通りご注文申し上げますので、至急ご送荷のほどお願い申し上げます。
　まずは取り急ぎ注文まで。
　　　　　　　　　　　　　　　　　　　　　　敬具

記

	品名		数量	納期
1.	ダイニングテーブル	TT－1	5台	4月20日
2.	ダイニングテーブル	TT－2	10台	4月20日
3.	カウンターテーブル	SS－1	5台	4月20日
4.	カウンターテーブル	SS－2	10台	4月20日

　　　　　　　　　　　　　　　　　　　　　　以上

社外文書フォーマット
～トラブル回避、トラブル対処のための文書～

抗議状

相手に非を認めさせるための書状ですが、感情的に非難するのは逆効果。相手に善処を促すような文面にします。

品違いに対する抗議状

```
(例)                              平成＊年5月12日

新星株式会社
営業部　増田淳一様
                      株式会社東和コミュニケーション
                                    斉藤隆太

           FAX「P300」品違いについて

拝啓　貴社ますますご発展のこととお喜び申し上げます。
平素は格別のご高配を賜り、厚くお礼申し上げます。
　さて、本日納品頂きました「P300」に関しまして、3
ケースのうち1ケースが、当店の発注したホワイトではな
くピンクで、色違いのものが届きました。
　当店の発注ミスかとも存じ、注文票の控えや台帳を調
べましたが、こちらに間違いはございません。（同封書類
をご参照ください）。
　ホワイト購入ご希望のお客様には、人気集中のため貴
社の生産が追いつかない旨ご説明の上で、納品をお待
ち頂いている状態でしたのに、これではさらに数日お待
たせしなくてはなりません。
　つきましては、至急残りのホワイトを1ケースお送りく
ださいますようお願い申し上げます。なお、ピンクの1ケ
ースは別便で返送いたします。
                                        敬具
```

◆異なる点を明記
発注した内容を書き、納品時の相違点をはっきりさせます。

◆どうしてほしいか明示
抗議だけではなく、相手にどう対応してほしいか明確にします。

◆証拠になるものがあれば同封する

◆具体的な実例にふれる
自社の損害や顧客が受けた被害など、具体例を挙げると、内容にリアリティーが生まれます。

督促状

相手に非があるのが一目瞭然でも、強硬な態度は付き合いに支障が出ます。あくまで丁重にお願いするようにしましょう。

納品の督促状

```
(例)                              平成＊年10月10日

株式会社新星製作所
営業部　山口彰様
                      トキワダ建設株式会社
                              総務部　井上浩志

           コンピュータの納品について

拝啓　貴社ますますご清栄のこととお喜び申し上げます。
平素は格別のお引き立てを頂き、厚く御礼申し上げます。
　さて、さる9月15日付で「コンピュータF101」10台を
発注いたしましたが、期日の10月1日を過ぎても未だ納品
されておりません。今月末までに納品頂かないと当社の
今後の業務に差し支えるため、大変困惑しております。
　もし一部だけでも納品できる状態でしたら、可能分を
先にお納めください。その場合、残品の納品期日がいつ
になるのか、現在の製造状況を、実際のところでお知ら
せください。
　この書状をご高覧頂きましたら、至急何らかのご回答
をくださいますようお願い申し上げます。
                                        敬具
```

◆困惑している理由を具体的に
相手の心情に訴えるように、自社が受けた損害や相手に取ってほしい対応をやわらかく説明します。

◆どの製品かはっきりさせる

◆納期を促す
一括での納品が無理な場合は一部を先になど、自社の損害が出ない範囲で、先方の事情を考慮して催促します。

> 督促状は後から法的証拠として扱われることもあります。けんか腰にならないように、**言葉は慎重に選んで使いましょう**。

POINT

第4章 ビジネス文書　社外文書の基礎知識

わび状

相手の抗議に対して、弁解の余地がないときは謝罪に徹します。誠意を伝えるには早急な対策を講じることが先決です。

事故発生のわび状

```
（例）
                                            平成＊年10月10日
グリーンウッド株式会社
森貴之様
                                            新星株式会社
                                            総務部　阿部卓郎

                    事故発生のおわび

　拝啓　貴社いよいよご隆盛のこととお喜び申し上げます。
毎々格別のご愛顧を賜り、厚く御礼申し上げます。
　さて、このたびは、高圧ガスタンク破裂による工場爆
発事故にともない、関係者の皆様には甚大なるご迷惑を
おかけし、大変申し訳なく、ここに深くおわび申し上げ
ます。
　今回の事故では、負傷者は出ませんでした。
　なお、工場の被害は軽微で、操業はほどなく再開でき
る見通しです。
　当社は再びこのような事故を繰り返すことのないよう、
安全管理の徹底を図って参ります。今後ともご愛顧のほ
どよろしくお願い申し上げます。
　まずは取り急ぎ書中をもっておわび申し上げます。
                                                    敬具
```

納期遅延のわび状

```
（例）
                                            平成＊年7月14日
株式会社吉居
営業部　高山明様
                                            新星株式会社
                                            麻生征次

                    納期遅延のおわび

　拝啓　貴社ますますご繁栄のこととお喜び申し上げます。
平素は格別のお引き立てを頂き、厚く御礼申し上げます。
　さて、7月12日付けでご注文を賜りました大型冷蔵庫に
つきましては、納期期日を守ることができず、本日貴社
より厳しいお叱りを頂きました。貴社には大変ご迷惑を
おかけし、誠に申し訳なく深くおわび申し上げます。
　遅延の原因は製造ラインに発生した思いがけないトラ
ブルで、このため製品の完成が大幅に遅れる結果となり
ました。現在、遅れを取り戻すべく工場をあげて努力い
たしておりますので、なにとぞ事情ご推察のうえ、今し
ばらくのご猶予を賜りますようお願い申し上げます。今
月末には必ず納品することができると確信いたしており
ます。
　まずは、おわびかたがた申し上げます。
                                                    敬具
```

◆予測不可能であることを強調する
こちらの非をきちんと認めてから、事故が不可抗力であったことを説明して相手の怒りを収めます。

◆事故の被害状況を説明する

◆変わらぬ愛顧をお願いする
今後の善後策を示して反省の意を伝え、以後も取引を続けてもらえるようお願いして締めます。

> **POINT**
> 多くの人に伝わるような事故があったときは、取引先に迅速に事情説明をすることが大切。

◆遅延の理由
くどい言い訳に見えないよう、事実を簡潔に記しましょう。

◆具体的な対処法を述べる
いつまでにできるのか、現状から判断して最速の納品日を伝えます。裏付けがあるなら「確約いたします」などと付け加えます。

◆取り急ぎの旨を伝える
誠意を示すには、迅速な対応が欠かせません。わびるタイミングが遅れると、相手に不信感を持たれてしまいます。

◆非を認める
過失の原因を明らかにし、礼儀正しく素直に謝意を示します。

社交文書の基礎知識

社外文書の中でも、儀礼的な側面の強いものを社交文書といいます。定まった型に沿って書くことが重要です。

取引先に礼儀を示す文書

"ビジネスライクな関係"という言葉が示すように、仕事上の人間関係は薄いものと思いがちです。しかし、折にふれ、あいさつ状や祝賀状といった社交文書を送ることで、取引先との人間関係が円滑になります。社交文書では、実務関係の文書とは違い、敬愛の情や礼儀を示すことが重要。形式にのっとり、正しい敬語表現や格式を守った言葉の選択が必要になります。

時候の言葉を使用

パターンを複数覚えて

格式を重んじる社交文書では、手紙の礼儀作法と同じ表現を入れる必要があります。その一つが時候のあいさつですが、これはすでに定型文と化していて、組み合わせを覚えてしまえば簡単です。でも、あまり格調高い文書を送っても、場合によっては慇懃無礼に取られます。状況に応じて何パターンかを使い分けましょう。

社交文書の基本

縦書き
一般の手紙と同じように、格式を示す形にしましょう。

用紙に注意
原稿用紙やレポート用紙を使うのは失礼です。

時候のあいさつ例

月			例	
1月	厳寒の候	初春の候	寒さことのほか厳しき折から　松の内も明けて	など
2月	余寒の候	梅花の候	立春とは名ばかりの寒さの折　余寒のみぎり	など
3月	早春の候	春暖の候	日差しうららかな今日この頃　浅春の候	など
4月	陽春の候	桜花の候	春たけなわの折から　桜花爛漫の季節を迎え	など
5月	新緑の候	若葉の候	青葉若葉の風薫る五月　若葉がまぶしいこの頃	など
6月	梅雨の候	向暑の候	あじさいの花咲く頃　暑さも日増しに加わり	など
7月	盛夏の候	猛暑の候	太陽がまぶしい季節　酷暑のみぎり	など
8月	残暑の候	晩夏の候	残暑厳しき折から　炎暑の夏もしだいに遠のき	など
9月	清涼の候	初秋の候	そぞろ涼風の立つ頃　一雨ごとに秋めく	など
10月	秋冷の候	仲秋の候	木の葉も美しく色づいて　天高く馬肥ゆる秋	など
11月	晩秋の候	向寒の候	秋色日増しに深く　冬も間近に迫り	など
12月	寒冷の候	初冬の候	年の瀬もいよいよ押しつまり　木枯らしが身にしみる頃　あわただしい年の瀬を迎え	など

第4章 ビジネス文書　　社交文書の基礎知識

社交文書の基本フォーマット

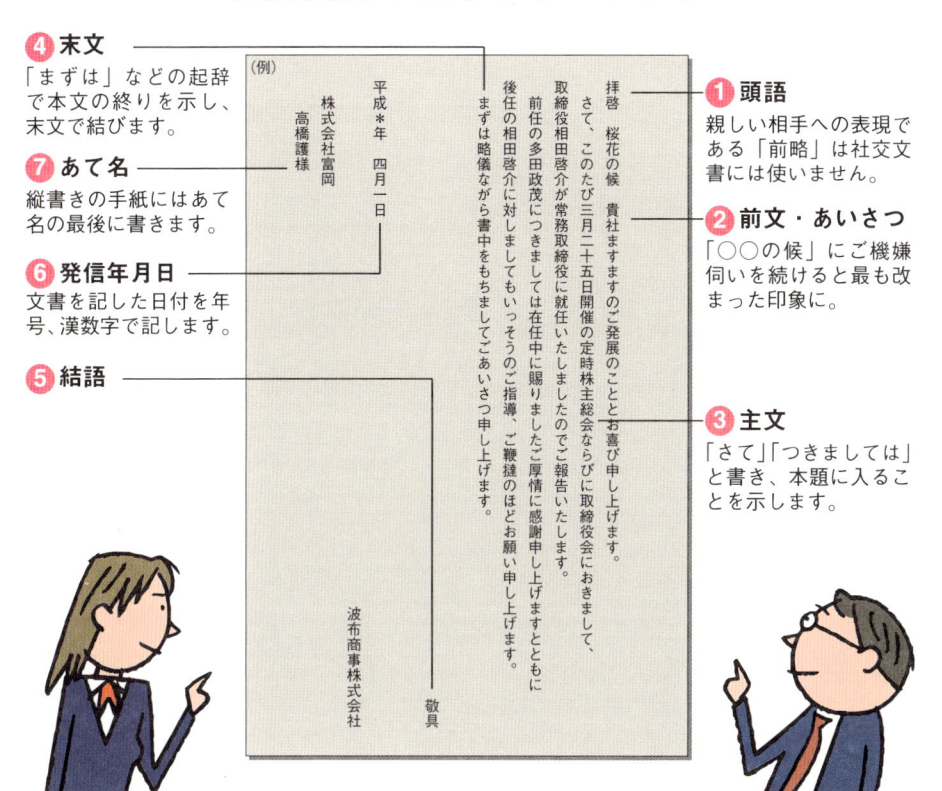

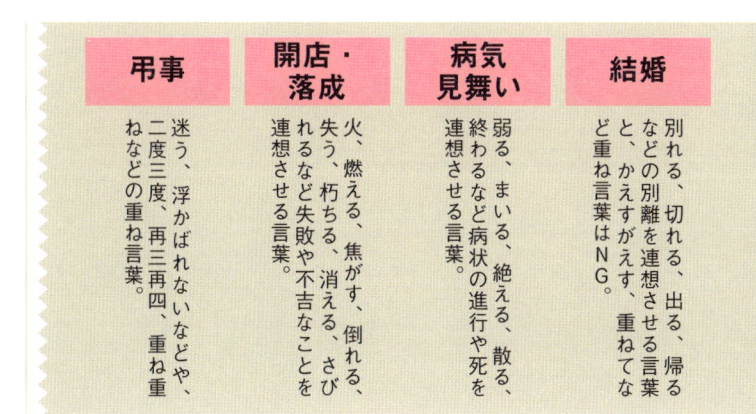

❶ 頭語
親しい相手への表現である「前略」は社交文書には使いません。

❷ 前文・あいさつ
「○○の候」にご機嫌伺いを続けると最も改まった印象に。

❸ 主文
「さて」「つきましては」と書き、本題に入ることを示します。

❹ 末文
「まずは」などの起辞で本文の終わりを示し、末文で結びます。

❼ あて名
縦書きの手紙にはあて名の最後に書きます。

❻ 発信年月日
文書を記した日付を年号、漢数字で記します。

❺ 結語

(例)

拝啓　桜花の候　貴社ますますのご発展のこととお喜び申し上げます。
さて、このたび三月二十五日開催の定時株主総会ならびに取締役会におきまして、取締役相田啓介が常務取締役に就任いたしましたのでご報告いたします。
前任の多田政茂に対しましては在任中に賜りましたご厚情に感謝申し上げますとともに、後任の相田啓介に対しましても一層のご指導、ご鞭撻のほどお願い申し上げます。
まずは略儀ながら書中をもちましてごあいさつ申し上げます。

敬具

平成＊年　四月一日

波布商事株式会社
株式会社富岡
高橋護様

これはNG!

弔事
迷う、浮かばれないなどや、二度三度、再三再四、重ねなどの重ね言葉。

開店・落成
火、燃える、焦がす、倒れる、失う、朽ちる、消える、さびれるなど失敗や不吉なことを連想させる言葉。

病気見舞い
弱る、まいる、絶える、散る、終わるなど病状の進行や死を連想させる言葉。

結婚
別れる、切れる、出る、帰るなどの別離を連想させる言葉と、かえすがえす、重ねてなど重ね言葉はNG。

儀礼的な要素が最も多く含まれる文書の一つが慶弔関係の文書。結婚式のスピーチのように、タブーの言葉は文書に盛り込んではいけません。

社交文書フォーマット

あいさつ状

あいさつはビジネス上での付き合いの第一歩。仕事で節目を迎えたとき、付き合いのある人に一言送ると人間関係が円滑に築けます。

落成披露・新規開業のあいさつ状

POINT 社名、住所、電話番号などの詳細な情報も漏らさずに記入を。すっきりと見やすいように別記に箇条書きでまとめます。

（例）

拝啓　秋冷の候、貴社ますますご隆盛のこととお喜び申し上げます。さて、かねてより建設中でありました当社本社ビルが、このほどようやく完成の運びとなりました。これもひとえに貴社はじめ皆々様のご協力の賜物と深謝申し上げます。日頃のご指導とご鞭撻の賜と衷心より感謝申し上げます。
つきましては、ささやかながら新社屋落成披露の小宴を催したく存じます。ご多用中のところ誠に恐縮でございますが、ご来臨の栄を賜りますようお願い申し上げます。
諸事ご多忙の折、誠に恐縮でございますが、書中をもってご案内申し上げます。
まずは略儀ながら、書中をもってご案内申し上げます。

敬具

平成＊年十月十日

サンキン商事株式会社
代表取締役　山下伸吾

一、日時　平成＊年十月二十日（火）午後一時〜三時
二、場所　新社屋二階大ホール
ご来臨の節は、本状を受付にお示しください。
なお、十月十五日（木）までに、ご都合のほどご一報くださいますよう、お願い申し上げます。

以上

（例）

拝啓　厳寒の候、貴社ますますご清栄のこととお喜び申し上げます。平素は格別のお引き立てを頂き、厚く御礼申し上げます。
さて、このたび荒又商事株式会社を設立し、二月一日より開業の運びとなりました。これもひとえにみなさまのご支援の賜物と、心より感謝いたします。
今後は社員一丸となり、みなさまの期待に沿うべく精進いたす所存でございます。なにとぞご教示、ご鞭撻賜りますようお願い申し上げます。
まずは略儀ながら、書面にてごあいさつ申し上げます。

敬具

平成＊年一月二十日

荒又商事株式会社
代表取締役社長　中島洋平

記

社名　荒又商事株式会社
住所　〒○○○‐○○○○
　　　東京都目黒区上目黒○‐○‐○
電話番号　〇三‐〇〇〇〇‐〇〇〇〇

以上

あいさつ状の心得

- 礼儀を重んじた文脈で
- 送るタイミングを逃さない
- 改まった言い回しで
- 縦書きが基本

POINT 新規開業のあいさつ状は、お店の場合、案内状にもなるので丁寧な文章で書くよう心がけ、店の地図を入れましょう。

年賀状

POINT 年賀のあいさつだけでも失礼にはあたりません。くどくどと文章を連ねず簡潔に。

（例）

謹賀新年

旧年中は格別のご高配を賜り、心より感謝申し上げます
みなさまのご健康とご繁栄をお祈り申し上げます
本年もより一層のご愛顧のほどよろしくお願い申し上げます

平成＊年元旦

〒○○○‐○○○○
東京都目黒区上目黒○‐○‐○
荒又商事株式会社
〇三‐〇〇〇〇‐〇〇〇〇

第4章 ビジネス文書　社交文書の基礎知識

礼状

格式にこだわりすぎると感謝の気持ちが伝わりません。礼儀とのバランスを見ながら、自分の言葉を添えつつ率直な文章を作りましょう。

交通事故の見舞いに対する礼状

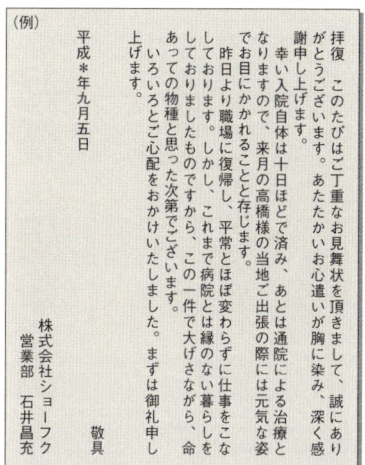

（例）

拝復　このたびはご丁重なお見舞状を頂きまして、誠にありがとうございます。あたたかいお心遣いが胸に染み、深く感謝申し上げます。

幸い入院自体は十日ほどで済み、あとは通院による治療となりますので、来月の高橋様の当地ご出張の際には元気な姿でお目にかかれることと存じます。

昨日より職場に復帰し、平常とほぼ変わらずに仕事をこなしております。しかし、これまで病院とは縁のない暮らしをあっての物種と思ったのですが、この一件で大げさながら、命あっての物種と思った次第でございます。

いろいろとご心配をおかけいたしました。まずは御礼申し上げます。

敬具

平成＊年九月五日

株式会社ショーフク
営業部　石井昌充

社長就任の祝賀に対する礼状

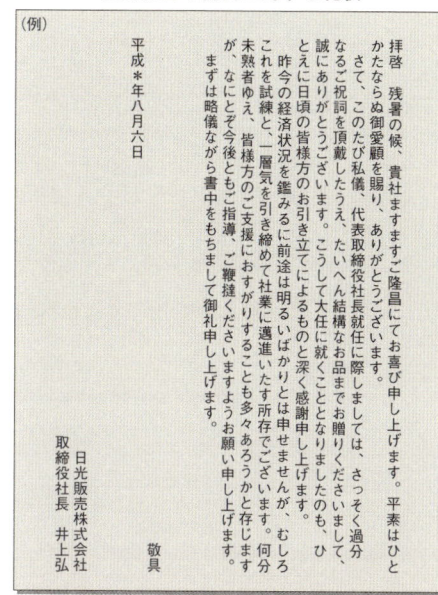

（例）

拝啓　残暑の候、貴社ますますご隆昌にてお喜び申し上げます。平素はひとかたならぬ御愛顧を賜り、ありがとうございます。

さて、このたび私儀、代表取締役社長就任に際しましては、さっそく過分なるご祝詞を頂戴したうえ、たいへん結構なお品までお贈りくださいまして、誠にありがとうございます。こうして大任に就くこととなりましたのも、ひとえに日頃の皆様方のお引き立てによるものと深く感謝申し上げます。

昨今の経済状況を鑑みるに前途は明るいばかりとは申せませんが、むしろこれを試練と、一層気を引き締めて社業に邁進いたす所存でございます。何分未熟者ゆえ、皆様方のご支援におすがりすることも多々あろうかと存じますが、なにとぞ今後ともご指導、ご鞭撻くださいますようお願い申し上げます。

まずは略儀ながら書中をもちまして御礼申し上げます。

敬具

平成＊年八月六日

日光販売株式会社
取締役社長　井上弘

> **POINT**
> 謙虚な気持ちで、今後も支援を頂きたい旨を伝えます。祝い品をもらった場合は、必ず文章の中でふれ、さらに直接電話などで、丁重にお礼を述べましょう。

お悔やみ状

頭語やあいさつは省き、心を込めて慰めの言葉を書きます。絵入りや色つきの封筒を使うのは避けるようにしましょう。

取引先の会長が病死した際のお悔やみ状

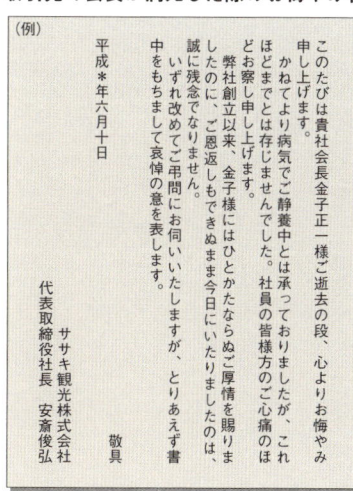

（例）

このたびは貴社会長金子正一様ご逝去の段、心よりお悔やみ申し上げます。

かねてより病気でご静養中とは承っておりましたが、これほどまでとは存じませんでした。社員の皆様方のご心痛のほど弊社創立以来、金子様にはひとかたならぬご厚情を賜りましたのに、ご恩返しもできぬまま今日にいたりましたのは、誠に残念でなりません。

いずれ改めてご弔問にお伺いいたしますが、とりあえず書中をもちまして哀悼の意を表します。

敬具

平成＊年六月十日

ササキ観光株式会社
代表取締役社長　安斎俊弘

> **これはNG!**
> **NGワードはコレ**
> 「重ね重ね」
> 「たびたび」
> 「再び」
> 「かえすがえす」
> 「いよいよ」など
>
> 弔事やお見舞いなどには重なりや繰り返しの意味を持つ重ね言葉は避けましょう。「追伸」などの副文も、「重ねて」という意味に取られるので×。

ビジネス力UP講座

転任・退職あいさつのマナー

初めも終わりもあいさつが肝心です

転任や退職などで今の職場から離れる場合には、お世話になった人にあてて、あいさつ状を出しましょう。

転任の際は、感謝の気持ち、新生活への抱負、最後に勤務先の住所を記して「関係を続けたい」という気持ちを示します。

退職の際は、お礼の言葉、これまでの仕事の感想、退職理由、これからの生活などを記します。

ただし退職理由や身の振り方は無理に書く必要はありません。新任の場合は、「＊＊の後任といたしまして」と自己紹介をし、支援を願う言葉を添えます。

転任あいさつ文例

（例）

平成＊年四月四日

〇〇〇商事株式会社大阪支店　太田宗男

拝啓　桜花の候、貴社ますますご隆盛のこととお喜び申し上げます。さて私こと、社命により大阪支店勤務を命ぜられ、四月一日に無事着任いたしました。

本社在任中は大変にお世話になり、厚くお礼申し上げます。今後は新天地におきまして微力ながら社業の発展に尽くしたいと思いますので、倍旧のご指導とご鞭撻を賜りますようお願い申し上げます。

なお、新勤務先は左記の通りです。お近くにおいでの際はどうぞお立ち寄りください。

まずは書中にてごあいさつ申し上げます。

敬具

記

新勤務先
〒〇〇〇-〇〇〇〇
大阪府大阪市北区＊＊〇-〇-〇
電話〇六-〇〇〇〇-〇〇〇〇

以上

退職あいさつ文例

（例）

平成＊年五月十日

柏樹株式会社　堀江美保

拝啓　新緑の候、皆様におかれましては、ますますご清栄のことと存じ上げます。さて私こと、このたび六月末に結婚を控え、五月末をもちまして柏樹株式会社を退職することになりました。

在職中は公私にわたりひとかたならぬお世話になり、深く御礼申し上げます。しばらくは、主婦業に専念したいと考えておりますが今後とも何卒よろしくお願い申し上げます。

まずは略儀ながら書中にてごあいさつ申し上げます。

敬具

第 5 章

冠婚葬祭のマナー

冠婚葬祭の予備知識

冠婚葬祭は、大人としてのマナーが問われる機会。基本的なことは社会人なら知っておいて当然です。

大切なのは他人への気遣い

冠婚葬祭は誰もが経験すること。だからこそふさわしいマナーで臨みたいものです。一出席者として恥ずかしくないよう、正しいマナーを知ることが大切です。

予備知識① 冠

祝い事に対して礼で祝う

冠婚葬祭の「冠」とは賀寿、栄進、栄転など、人生の中で巡ってくる祝い事のこと。「おめでとう」という気持ちを礼をもって祝うのが「冠」での基本です。

予備知識② 婚

新しい出発を心から祝福

「婚」とは婚礼のこと。結婚披露宴に招待されたら、できるだけ出席することが招待してくれた人への最低限の礼儀です。

結婚式・披露宴の心得

結婚式・披露宴に

呼ぶ立場
関係者は、まず集まってくれた人に対して、感謝の意を忘れないこと。来賓を迎えるときは笑顔であいさつを。また席次表や招待状の名前の間違いは絶対ないようにしましょう。

呼ばれる立場
時間に余裕を持ち、ふさわしい服装で披露宴に臨みます。会場では親族や初対面の人に対して進んであいさつをし、祝宴ではテーブルマナーを守り、和やかに過ごします。

慶事と弔事が重なってしまったら

弔事を優先して後日理由を説明します

通常では、弔事を優先させることになっています。その場合、すぐに先方に連絡し「やむを得ない事情で」などと理由をぼかしておき、後日理由を説明します。身内の不幸でなければ挙式と葬式の時間が重ならない限り、両方出席してもよいでしょう。

148

第5章　冠婚葬祭のマナー　冠婚葬祭の予備知識

予備知識③　葬

迅速な対応を心がけて

通夜・葬式・告別式の知らせを受けたら速やかに式の日時や場所、葬儀の形式を確認します。弔い方は、宗教によって異なるので気をつけましょう。いざというとき慌てないために宗派によるマナーをある程度おさえておけば安心です。

仏式葬儀の流れ

通夜 → 葬儀・告別式 → 出棺・火葬

通夜
亡くなったその夜に、夜を徹して故人を守るのが通夜の習わし。現在では時間を2～3時間に短縮した半通夜が主流です。

葬儀・告別式
死者が成仏できるよう祈る儀式が葬式で、故人にお世話になった人たちが最後の別れをするのが告別式です。

出棺・火葬
最後の別れをしたら、棺に釘打ちをして出棺となり、その後火葬場に移り火葬されます。先に火葬をする地域もあります。

弔事の際の心得

取引先で不幸が起きたら

会社関係者の訃報（ふほう）が入ったら、まず対応する部署や担当者に連絡を取り、指示を仰ぎます。日にちと場所を確認します。通夜または葬儀・告別式に参列します。遠方で式に出席するのが難しいのなら、担当の部署に喪主の氏名を確認して、弔電やお悔やみ状を出すします。個人の資格で参列する場合は自分の都合に合わせてどちらかに出席するようにしましょう。

社内で不幸が起きたら

知らせを受けたら、まず直属の上司に相談します。勝手に判断して行動するのは絶対NGです。どのように対応するか上司に指示を仰ぎましょう。もし故人が同僚や先輩、後輩だったり、同じ部署に所属したり、近しい仲だったりした場合は、手伝いを自分から進んで申し出ましょう。喪主に直接話しかける前に、一度上司に相談してから行動するようにします。

予備知識④　祭

日本に息づく伝統を祝う

冠婚葬祭の「祭」では、正月やお中元・お歳暮など、四季折々の伝統行事を祝います。ビジネスでは、取引先の会社などに年賀状や寒中・暑中見舞いなどを出したり、お中元・お歳暮を贈ったりします。

年始

お中元・お歳暮

年末

慶弔電報の送り方

迅速に対応することが大切

結婚式や披露宴の招待状や訃報が届いたら、どちらも速やかに返答をします。やむを得ず欠席する場合は、欠席の返事だけでなく、祝電や弔電をおもな会場まで送るのが最低限のマナーです。慶事、弔事いずれの場合も「悲しむ」「重なる」などの忌み言葉は禁句なので、気をつけましょう。

祝電の打ち方

式の3時間前までに手配を

欠席する場合は、式の3時間前までに祝電が届くよう電報の手配をします。NTTの電報受付サービスを利用すれば便利です。披露宴の一カ月前には手配をしましょう。

慶事や弔事に出席できない場合は、電報を送ることが礼儀です。忌み言葉にはくれぐれも気をつけましょう。

NTTの電報データ

電話
115（局番）、8:00～22:00（受付時間）

インターネット
24時間（受け付け）
NTT東日本：http://www.ntt-east.co.jp/dmail/
NTT西日本：http://www.ntt-west.co.jp/dmail/

料金
料金は25字まで735円、5文字増えるごとに94.5円加算。台紙料金は0円～5000円

※当日配達の場合は、当日の19時まで受付。それ以降は翌日の配達になります。配達日の1カ月前から受付。インターネットでの申し込みは42円引き。

慶事電報メッセージ例

ご結婚おめでとうございます。お二人の前途を祝し、併せてご多幸とご発展をお祈りいたします。

ご結婚おめでとうございます。世界一幸せなお二人に、心からの祝福をお送りします。

ご結婚おめでとうございます。このたびは、ご招待頂きましたのに、出席できずに申し訳ございません。新生活の門出を心からお祝い申し上げます。

第5章 冠婚葬祭のマナー 慶弔電報の送り方

弔電の打ち方

電報のほか手紙でもOK

通夜にも葬儀・告別式にも出席できない場合は、弔事電報を送ります。NTTの電報サービスを利用するか、手紙を書いて送ってもよいでしょう。喪主の名前が不明なときは「ご遺族様」あてで送っても失礼ではありません。

連絡を受けたら

故人が親しい友人や近親者の場合は、亡くなった日や通夜や葬儀はいつ行われるのかなどを確認します。

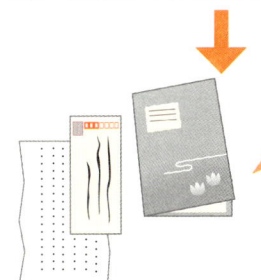

電報を送る場合は、通夜や葬儀、告別式の前日までに、会場に届くよう手配しましょう。

弔事電報メッセージ例

在りし日のお姿を偲び、心からご冥福をお祈りいたします。

ご逝去の知らせを受け、ただただ驚いております。ご生前のお姿を偲び、心よりご冥福をお祈りいたします。

ご訃報に接し、心から哀悼の意を表します。安らかにご永眠されますようお祈りいたします。

忌み言葉は使わない！

「かえすがえす」「苦しむ」
「つらい」「ますます」
「しばしば」「とんだことを」
「再三」「迷う」 などは×

おもな敬称

父	ご尊父様、お父様、お父上（様）
母	ご母堂様、お母様、お母上（様）
夫	ご主人様
妻	ご令室様、ご令閨（れいけい）様
祖父	ご祖父様
祖母	ご祖母様
息子	ご子息（様）、ご令息（様）
娘	ご息女（様）、ご令嬢（様）

これはNG!

弔事で忌み言葉とは「切る」「散る」など。不幸や別離を表す言葉は避けましょう。また人名の敬称の使い間違いなどにも注意しましょう。

お中元とお歳暮のマナー

日ごろの感謝を表すお歳暮とお中元。もしも贈る時期を逃してしまったら表書きを変えれば問題ありません。

感謝のしるしに贈ります

お中元とお歳暮は、半年に一度、お世話になっている人に贈り物をする習慣です。もし取引先にお中元やお歳暮を贈りたい場合は、上司に相談し、会社名義か個人名義か判断を仰ぎましょう。

基本知識① 贈る時期

お中元
7月初旬～15日ごろまで、1カ月遅れにお盆を迎える地方へは8月15日まで
お盆までに贈るのが基本。

お歳暮
12月初旬～25日ごろまで

基本知識② 水引きと表書き

お歳暮やお中元は紅白蝶結びの水引きでのしを付けます。表書きは御中元または御歳暮、その下に差出人の名前を書きます。崩し文字や略字は使わず、文字は丁寧に書きましょう。

お歳暮またはお中元

御歳暮
山田明

差出人の名前

ココに注意
文字の大きさにも気配りを
贈り主の名前は、表書きよりもやや小さめに書きます。

基本知識③ 贈り方

どちらか一つは失礼
お中元とお歳暮でワンセット
お中元を贈ったら、基本的にお歳暮も贈ること。その逆も同じ。もし一方だけ贈るならお歳暮のみを贈りましょう。

品物のランクは落とさない
贈り物の水準を保ちましょう
お中元とお歳暮は毎年同額ほどの品物を送ること。ただしお歳暮は、お中元よりやや高価な品物を選びましょう。

もらったら礼状を書きます
手紙をつづって礼儀を示しょう
感謝の気持ちと品物についての感想を手紙で表しましょう。取引先からもらったら会社名義で礼状を出します。

公務員には贈れません
感謝の気持ちは言葉で十分
政治家はもちろん、学校の先生や警察官、役所職員などの公務員に贈り物をするのは禁じられています。

第5章 冠婚葬祭のマナー お中元とお歳暮のマナー

基本知識 ④ 品物の選び方

こんなときどうする？

個人あてに受けた
上司に報告し、相手に礼状を書きます。贈答品は会社で分けるのが適当です。自宅に直接贈られてきたら、個人負担で礼状を。

開封したら壊れていた
発送元はデパートや業者のはずなので、直接そちらに問い合わせます。贈った人には知らせないほうが、相手に余計な心配をかけません。

あげていない相手から贈られてきた
お中元やお歳暮は、お返ししなくても失礼にはあたりません。礼状を書き、さらに次回会ったときにお礼を言いましょう。

うっかり贈り忘れていた
お中元なら暑中御伺、立秋に入ったら残暑御伺、お歳暮なら年明けまで待って御年賀、1月7日から立春までは寒中御伺として贈ります。

喪中の相手に贈るのはダメ？
お中元、お歳暮ともに喪中の相手に贈っても問題ありません。ただし、派手な包装や水引、おめでたい内容のものは避けましょう。

上司には贈るべき？
上司には不必要です。見返りを期待していると勘違いされるかもしれないので、社内にそういった風習がないのなら控えましょう。

お歳暮なら…
飲料ならホットで楽しめるもの、食品なら年末年始にも使えるもの…などの気配りが大切です。

日本酒、焼酎
個人宅に。熱かんでも楽しめる日本酒や焼酎がおすすめです。

ハム、ソーセージ
個人宅に。忙しい年末年始に手軽に使えて喜ばれます。

コーヒー
会社には、1杯ずついれられるドリップ式が喜ばれます。

お中元なら…
真夏に贈るお中元は、ビールや水ようかんなど涼しげなもの、日持ちする乾めんなどが喜ばれます。

ビールや清涼飲料水
会社に贈るなら気軽に飲める缶ジュースがぴったり。

そうめんや冷麦
個人宅に贈る場合に。季節感があり、日持ちもします。

缶詰や水ようかん
個人宅には缶詰、会社には分けやすい水ようかんを。

どちらでも喜ばれるもの…

商品券
贈る品物に悩んだら、ビール券やデパート商品券、図書カードを。

カタログ
受け取った人が好きな品物を選べるので確実です。

菓子類
個装された焼き菓子は会社に贈っても、社員への配布が簡単。

品物を選ぶポイント…

・会社あてに贈るなら
会社あてに送る場合は、小分けになった菓子類など口に入るまでに相手の手をわずらわせないものが理想的です。

・個人あてに贈るなら
家族構成を考えましょう。日持ちのしない食品を大量に贈るのは負担になります。会社に送れないフルーツや乾めんなどはOK。

お見舞いとお祝いの礼儀

お見舞いやお祝いの品はとてもデリケート。場違いな贈り物をしないように知識を身につけておきましょう。

人間関係の潤滑油です

お見舞いやお祝いは必ずしも必要というわけではありません。ですが、そういった気持ちを表すことで仕事が円滑に進むことも。ただし、社外の人に何か贈る場合は、上司に一言相談してからにしましょう。中には、贈り物を禁止している会社もあるためです。

どの程度の相手にあげる?

同じ会社でも、部署が違うならよほど親しい人以外は必要ありません。社外の人なら取引先の担当者の栄転祝いぐらいで十分です。その場合、必ず上司に相談し、会社負担か個人負担かを確認します。

選び方
お祝い、お見舞いともに贈ると失礼にあたる品物があります（P155参照）。ですが、双方で了解がとれているなら神経質になることもありません。相手の欲しい品を渡すのが一番。

タイミング
お祝いをあげる前に確認を取ること。例えば、栄転祝いを贈ったら話がなくなってしまった…ということもありうるのです。お見舞いの場合も相手の状態を聞いてから判断を。

連名で贈る場合
同部署なら、部署全員で品物をあげましょう。現金を贈る場合は、のし袋に入れ、差出人の箇所に代表者氏名を書き、左横に「外一同」と書き、全員の名前を書いた紙を同封します。

渡すときのルール

手渡しする場合
訪問する場合は前もってアポイントを取ります。本来ならお祝いは午前中に渡すものですが、相手の都合に合わせるのが一番。部屋に通されてから渡すのがマナーです。

郵送する場合
宅配便などを利用する場合は、別便で贈り物をしたことやその理由を記した文書（送り状）を品物が届くころまでに送ると丁寧な印象に。年配の方は気にする場合が多いので、なるべく付けましょう。

現金を贈る場合は…

・金額の目安
目上の人にお金をあげるのは失礼とされていますが、長期の病気お見舞いの場合は例外です。金額は1万〜3万円程度が妥当です。

・袋に入れる
何回あってもいいお祝いは蝶結び、結婚祝いなど一度のみのお祝いは結び切りの水引を使います。病気見舞いは端に赤い帯の付いた封筒か結び切りの水引、それ以外はシンプルな白封筒を使います。

袋の上半分の中央に、表書き（内容）を書き、その下に差出人の氏名を書きます。

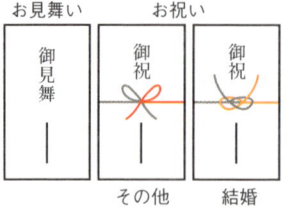

お見舞い：御見舞
お祝い（その他）：御祝（蝶結び）
お祝い（結婚）：御祝（結び切り）

第5章 冠婚葬祭のマナー お見舞いとお祝いの礼儀

品物の選び方とタブー

	適した品	タブーの品
結婚祝い	ステンレス製のボウルや鍋などの調理器具、フォトフレーム、タオル、寝具（枕カバー、シーツなど）、ワインなど。	はさみ、ナイフなど「切れる」を連想させる品、陶器など「割れる」を連想させる品、偶数の品数（ペア、ダース、末広がりの「8」は可）。
出産祝い	ベビー服、おむつカバー、前掛け、人形、おもちゃ、おしゃぶりなど。	ベビーベッド、ベビーバスなどの大きなものは相手に確認してから。
新築祝い	花、時計、食器類、卓上小物など。インテリアは相手の趣味を考えて贈りましょう。	ストーブ、ライターなど火に関するもの。花でも赤一色は避けて。
昇進祝い 栄転祝い	万年筆、キーケース、ベルト、ネクタイなど。単身赴任の場合は日用品なども喜ばれます。	贈り物のタブーといわれる「櫛（くし＝苦死）」、「ハンカチ（手切れ）」は避けたほうが無難。
快気祝い	菓子折り、洗剤などの消耗品。	特にありませんが高価すぎるものは相手の負担に。
退職祝い	旅行券やレジャークーポンなど余暇に楽しめるものや花など。	書類かばんなど「働く」を連想させるもの。

負担をかけないお見舞い

病気やけがのとき

面会謝絶や安静など重体なら控えます。お見舞いへは少人数で行き、明るい話題を心がけて。お見舞い品は現金や雑誌類、ショール、相手の体調によってはフルーツなどもいいでしょう。

病気・けが見舞いでの品物のタブー

花の中でもシ（死）ク（苦）ラメンや菊、椿は縁起が悪いのでいけません。ほかに香りが強く花粉の飛ぶゆりや水仙、根付きの鉢植え（寝付く）もタブー。食事制限がある場合は食べ物も迷惑なので確認を。

災害時

安否を確認したら、相手に欲しいものを直接聞きます。時間が許すのなら現地に赴いて後片付けを手伝いましょう。地震などでライフラインが混乱しているなら、むやみに動かず情報を待つこと。

陣中見舞い

忙しい職場に贈るのが陣中見舞い。親しい部署が忙しいようなら、食べ物を持っていってあげましょう。おにぎりやすぐつまめるものを、人数分よりやや多めに持っていきます。

慶事に招待されたら

慶事に招待されたら、すぐに出欠席の返事を出します。ビジネスでの慶事は、会社の対応に従います。

慶事への出席は仕事のうち

プライベートでもビジネスの場でも出席する機会が多い慶事は、結婚披露宴です。また、ビジネス上では、取引先の会社の創立記念式典や叙勲、受章と各種授章式などがあります。いずれの慶事もなるべく出席することを心がけ、正しいマナーをもって臨みましょう。

結婚することになったら
「私、このたび結婚することになりました」
と報告を必ず行う

招待状が送られてきたら

招待状はすぐに返事を

招待状が送られてきたら、同封されている返信用ハガキに出欠席の返事を出します。届いてから1週間以内には返送しましょう。

出席したい
返信用ハガキの出席欄を丸で囲み、出席の意思を伝えます。出席の知らせと一緒に、お祝いの言葉を添えるとよいでしょう。

すぐに決められない
出欠席が不明な場合は、電話でその旨を先方に伝えます。返送期日まで予定が分からない場合は欠席としたほうが相手の迷惑になりません。

欠席の場合は

POINT 1 一言添えるのを忘れずに
欠席の返事とともに「出席できずに残念」という気持ちの文章を添えましょう。その場合は欠席の理由を手短に書きます。

POINT 2 祝電も打つのが礼儀
欠席の返事を送ったら、改めて祝電を打つのが礼儀です。祝電の例文はP150を参考に。

156

第5章 冠婚葬祭のマナー 慶事に招待されたら

自分が招待する場合

用意は周到に抜かりなく

自分たちが結婚する場合は、招待状を式の2カ月前から1カ月半前には発送できるように用意します。ただし、会社の上司や主賓、媒酌人には、郵送ではなく手渡しするのが礼儀です。仲人をお願いする場合は、式の日時が決まる前に二人で出向いて頼みましょう。

上司に仲人を頼む場合は

① 結婚式の日時が決まる前に相談

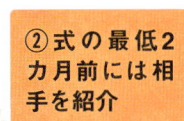

② 式の最低2カ月前には相手を紹介

そのほかの慶事では

結婚披露宴以外の慶事も

取引先の会社の創立記念式典や取引先の社員の栄転や昇進など、ビジネスの場での慶事は個人ではなく会社からお祝いを贈ります。

栄転・昇進祝い

取引先の担当者
取引先の担当者の栄転・昇進を聞いたら、すぐに祝いの言葉を伝えます。ならびに上司に報告し、お祝いの品を贈るかどうか相談します。個人的に贈る場合は負担にならない金額のものを個人宅に贈ります。

同じ職場の人
部署全体で祝いの席を設け、贈り物も祝宴で渡すのがベスト。基本的に部署単位で祝うのが一般的ですが、お世話になった人なら個人的に祝宴を設けてもいいでしょう。

創立記念や落成式など

個人ではなく会社で祝う

会社で贈り物をする場合、すぐにその手配をします。お花は式場のスペースなどの問題もあるので贈る旨を先方に伝えてから式典の当日に届くようにします。間に合わない場合は、取り急ぎ目録を贈り、後日品物を贈りましょう。

左遷か栄転か不明な場合

「ご就任祝い」とします

贈り物をするかどうかは状況によって判断します。贈り物をする場合、品物の表書きは「栄転祝い」とせず、「ご就任祝い」とし、のしは付けないほうがよいでしょう。

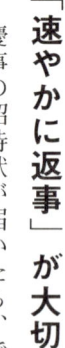

慶事の招待状

招待状の返事は、出欠席のマナーに則した書き方で、届いた日から1週間以内には出すようにしましょう。

「速やかに返事」が大切

慶事の招待状が届いたら、できるだけ早く返事を出します。やむを得ない理由で返事が遅れてしまった場合は、電話でわびを入れ、出欠のいずれかを伝えます。また、招待状を送る立場のときは、参加を促すような文体で、簡潔な文章にすることを心がけます。送る際には日時や場所などに間違いがないか必ず確認しましょう。

結婚式の招待状

出欠の返事は1週間以内

招待状が届いたら1週間以内には返事を出します。欠席の場合は返信用のハガキに理由を記し、お祝いの言葉も多めに添えます。

返信ハガキのあて名例

❶「行」は、2本の斜線または「寿」の文字で消し、左に「様」を書きます ❷「御」を2本斜線または「寿」の文字で消し、「出席」に丸をします。欠席の場合も同様 ❸お祝いの言葉を添えます ❹自分の住所と氏名を記入。「御住所」の「御」を2本斜線で、御芳名の「御芳」までを2本の平行線で消します。

出席の場合

御出席
御欠席
❷
❸ ご結婚おめでとうございます。結婚式にお招き頂き、誠にありがとうございます。喜んで出席させて頂きます。
❹ 御住所 東京都渋谷区渋谷町0-0
御芳名 山田一郎

欠席の場合

御出席
御欠席
❷
❸ ご結婚おめでとうございます。残念ながらどうしても仕事の都合がつかず、結婚式にお伺いすることができません。お二人の末永いご多幸をお祈りいたします。
❹ 御住所 東京都渋谷区渋谷町0-0
御芳名 山田一郎

第5章 冠婚葬祭のマナー 慶事の招待状

招待状を送る

参加意欲が高まる文章で

会社創立記念式典やゴルフコンペなど、ビジネスの場での社交的な招待状は、参加を促し、失礼のない文章が基本。場所や日時などが抜けていないか必ずチェックしてから送るようにしましょう。

会社創立記念式典への招待状

```
謹啓
　立夏の候、貴社ますますご隆盛のこととお喜び申し上げます。
　さて、当社は来る5月10日をもちまして、創立二十周年を迎えることとなりました。
　これもひとえに皆々様の変わらぬご愛顧ご支援の賜物と、衷心より御礼申し上げる次第でございます。
　つきましては、長年のご懇情に感謝申し上げる一端として、下記の通り、ささやかな記念パーティーを行い、心ばかりの粗餐を差し上げたく存じます。
　ご多用中のところ誠に恐縮ではございますが、なにとぞご来臨の栄を賜りますよう、お願い申し上げます。
　略儀ながら、書中をもちましてご案内申し上げます。
　　　　　　　　　　　　　　　　　　　　　　　謹白
　　　　　　　　　　　　記
1. 日時　平成＊年5月31日（金）　午後3時より
2. 場所　大橋プリンスホテル　鳳凰の間

なお、勝手ながらご出席の都合を、5月20日（月）までに同封のハガキにてお知らせくださいますよう、お願い申し上げます。
　　　　　　　　　　　　　　　　　　　　　　　以上
```

◆**感謝の意を表明**
まず文頭には取引先や関係者の協力を感謝する意を表記します。

◆**式典の日時や場所**
日時や場所は別記にして、分かりやすく箇条書きにまとめます。

ゴルフコンペの招待状

```
謹啓
　新緑の候、貴社ますますご清祥のこととお慶び申し上げます。平素は格別のご配慮を賜り、厚くお礼申し上げます。
　さて、恒例のゴルフ大会を下記の通り開催いたします。なにとぞふるってご参加くださいますよう、ご案内申し上げます。
　　　　　　　　　　　　　　　　　　謹白
　　　　　　　　記
1. 日時　5月18日（土）
　　　　午前9時開始（小雨決行）
2. 場所　京浜カントリークラブ
　　　　神奈川県足柄上郡〇〇町
　　　　＊＊〇〇〇
　　　　電話　0465-00-XXXX
3. 集合場所　〇〇線＊＊駅前
　　　　　　午前6時30分
4. 会費　3万円（プレー賞、商品代等含む）
5. 景品　優勝からBB賞まで多数用意
同封のハガキにご記入の上、5月10日（金）までにお送りくださいますよう、お願い申し上げます。
　　　　　　　　　　　　　　　　　以上
```

送別会の招待状

```
皆様ますますご健勝のことと存じ上げます。
　このたび、東京商事総務部部長、目黒太郎氏が、同社シンガポール駐在本部長に就任され、来る6月15日にシンガポールに赴任されることとなりました。
　つきましては、氏の壮途を祝し、下記の通り送別会を催したいと思います。
　なにとぞご参会のほど、お願いいたします。
　　　　　　　　記
1. 日時　5月12日（木）午後7時
2. 場所　料亭さがみ　赤坂店
3. 会費　1万円（当日持参）

　なお、準備の都合上、5月6日（金）までにご出席の諾否を同封のハガキにてご通知願います。
　　　　　　　　　　　　　　　　　以上
```

POINT
招待状には、必ず返信用の郵便ハガキを同封します。担当者のあて先をあとあて名をあらかじめ記載しておきます。また、有志の会なら頭語と結語は省略可。

結婚祝い金の贈り方とマナー

結婚祝い金の贈り方に失敗すると最も失礼にあたります。ルールを知って無礼にならないようにしましょう。

お祝い金か品物を贈ります

結婚披露宴に招待されたら出欠にかかわらず、お祝い金か品物のどちらかを贈ります。お祝い金を贈る場合、必ずのし付きの祝儀袋に入れて式当日に受付で手渡しします。品物を贈る場合は、式の1週間前までに自宅に届くようにします。品物は、「切れる」「壊れる」を連想させるものは避けましょう。

結婚祝い金の基本
- 包む紙幣は新札で
- 必ず祝儀袋に入れる
- ふくさに包んで持参
- 自分の収入に見合った額を
- 渡すときは一言添える

結婚祝い金の目安

	20代	30代
勤務先の同僚・部下	20,000円	30,000円
友人・知人	30,000円	30,000円
兄弟・姉妹	50,000円	100,000円
その他親族	20,000円	30,000円

取引関係では30,000円が平均

※偶数は縁起が悪いと言われていますが、現在ではそれほど重要視されません。ただし「死」「苦」を連想させる「4」「9」などは今でもNGです。

会員制パーティーの場合

会費がご祝儀代わり

会費制の披露宴や二次会では、会費がお祝い金になるのでご祝儀は必要ありません。個人的に品物を贈りたい場合は、後日手渡すか、自宅に郵送するのがよいでしょう。

披露宴に出席しない場合

金額は半額程度でOK

披露宴に欠席する場合でも、お祝い金を贈ります。金額は出席する場合より、半額から三分の一程度で構いません。お祝い金はのし付きの祝儀袋に入れて式の1週間前までに現金書留で郵送します。

第5章 冠婚葬祭のマナー 結婚祝い金

祝儀袋の決まり

金額に見合ったものを

祝儀袋で気をつけたいのが、金額によって祝儀袋の水引やデザインが異なること。ご祝儀の金額にふさわしい祝儀袋に入れて渡すのがマナーです。普通は祝儀袋に説明が書いてあります。

ふくさの包み方～慶事編～

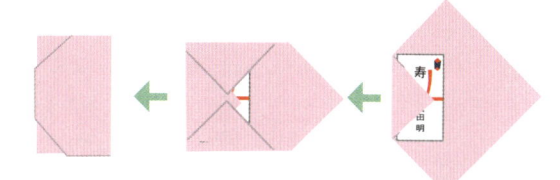

1 ふくさは赤やピンクなど暖色系が最適。ふくさを広げ、中央に祝儀袋を置きます。

2 まず左側を折ったら、上を折ります。次に下を折ってから最後に右側を折ります。

3 右端を内側に折り込みます。渡すときは右と下を開き、祝儀袋を引き出します。

祝儀袋の書き方

裏 下側を上に

表

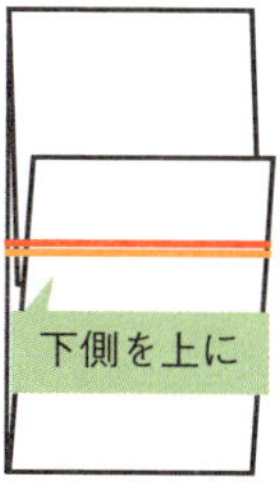

① のし
のしは右側についているものを選びます。

② 表書き
「寿」や「お祝い」がベスト。現在では表書き付きの祝儀袋が売られています。

③ 水引
結び切りは1万～3万円、あわび結びは5万～8万円、水引細工は10万円以上と、種類によって金額が異なるので注意。

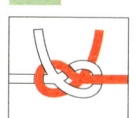

あわび結び

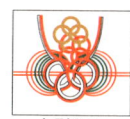

水引細工

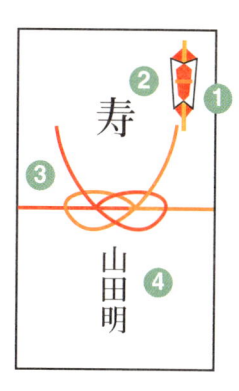

④ 差し出し人氏名

連名・会社名義の際の表書きの書き方

会社・グループ
△□株式会社
営業部
外一同

3名まで
山田一明
加藤一郎
山本 登

3名以上
山田明
外一同

※3名までは中央から左へ進み、目上の人が一番右になるように。会社名義の際は、祝儀袋の中に全員の名前を書いた紙を同封。

中包み

金三万円

〒○○○○○○○
東京都渋谷区桜丘
山田和男

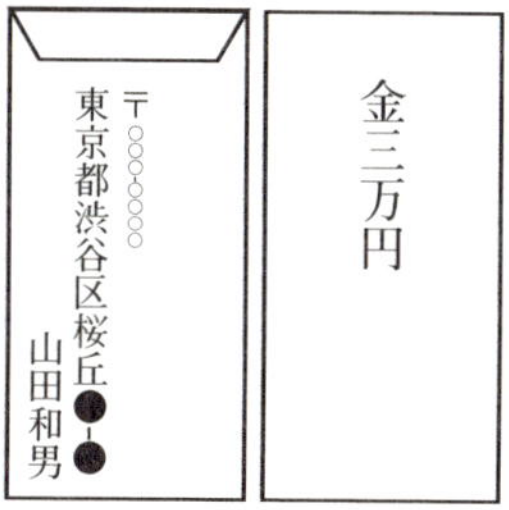

漢数字は壱（1）、弐（2）、参（3）、拾（10）、萬（万）など書くのが丁寧ですが、最近では通常の算用数字でもよいとされています。

披露宴当日の所作

いよいよ結婚式当日。マナーをもって、終始和やかな雰囲気になるように努めることがなにより大切です。

開式の15分前までには到着

挙式に招待された場合は開始時間の15分前までに、披露宴のみ招待された場合は、30分前には会場に到着しているようにします。到着して受付を済ませたら、式が始まる前にトイレを済ませ、身だしなみを整えておきましょう。式での中座は最も失礼な行為です。

式場に入る前のチェック

- 30分前には着いている
- 身だしなみのチェック
- トイレを済ませておく
- 手を洗っておく

受付での所作

受付でもマナーは必要です

受付では新郎新婦のどちらの招待客かを述べ、あいさつを添えて軽く一礼します。次にふくさから祝儀袋を取り出して手渡し、芳名帳に自分の氏名を記載します。

1 あいさつ
「おめでとうございます。お招き頂きました○○でございます」と一言添えて一礼します。

2 芳名帳に記帳
新郎新婦どちらか招かれたほうの芳名帳に記入し、席次表を受け取ります。

祝儀袋の渡し方

1 ふくさをとく
ふくさの右側と下側の折り目をとき、祝儀袋を手前に引き出します。

2 向きを正面に
祝儀袋を両手で持ち、表書きが受付側に向くように持ち替えます。

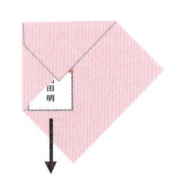

3 一言添えて
「このたびはおめでとうございます。心ばかりのお祝いです。お納めください」と言って渡します。

162

第5章　冠婚葬祭のマナー　披露宴当日の所作

会場での入場・退場

主役へのあいさつは簡単に

会場入り口に新郎新婦、両親などが並んでいる場合は、手短にあいさつをして会場に入ります。ここで長々とあいさつをすると後ろの招待客に迷惑になります。会場に入るときは真ん中や人前を横切らずに壁に沿って進みます。席に着くには、いすの左側から入るのが基本のマナーです。

急な退出・遅れた場合

やむを得ない事情で遅刻したり、途中で退出したりする場合も、慌てずにまずは係員の指示に従います。

係員の指示通りに会場へ

そして、歓談の最中などタイミングを見計らって、新郎新婦または両親に「おめでとうございます。本日は失礼をいたしまして申し訳ございません」とおわびしましょう。お祝い金は、そのときに両親に渡します。

会場への入り方・出方

隣の席の人と名刺交換はしてもよい？

基本的にはOKですが、スピーチや余興のときは避けます。とはいえ、あちこちと回るのは慎みましょう。服が料理に付くことがあるので同じテーブル越しでは行わないこと。

バッグはどこへ置く？

いすの右下に置くか、小さいものなら背もたれと腰の間に置くのがベスト。左下は係員が出入りするのでじゃまになります。テーブルの上やいすの背もたれにかけるのは避けましょう。

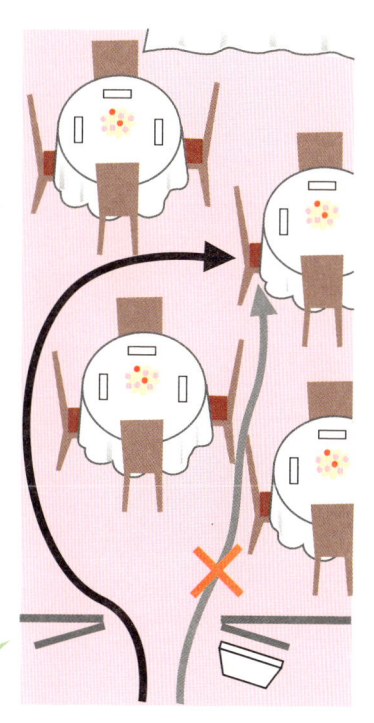

会場に案内されたら、まず目上の人から入場を。会場を突っ切るのではなく、席に近いほうの壁際を進みます。

披露宴での服装

結婚披露宴には男女ともに準礼服で臨みます。正礼服は親族が着るものなので来賓が着てはいけません。

一般的な披露宴は準礼服

フォーマルな場での装いは、正・準礼服があります。男性の正装とは、モーニングやタキシード、女性はアフタヌーンドレスや黒留め袖などです。一般的な披露宴であれば、男女ともに準礼服が基本です。準礼服とは、男性ではブラックスーツ、女性は特に決まりがなくカクテルドレスや訪問着などのことを指します。

「平服で」とは？

「礼服でなくてもよい」という意味。普段着という意味ではありません。

男性の装い

シャツ
レギュラーカラーの白か淡い色のシャツがおすすめ。

ジャケット
シングル、ダブルは問いませんが、ベストは黒、グレー、白。

格式高い披露宴

昼の礼装はモーニング、夜はえんび服やタキシードですが、正礼服は仲人や近親者だけが着用。来賓は準礼服で。

一般的な披露宴では

ブラックスーツに白、シルバーグレーなどのネクタイを締めるのが一般的。昼夜問わず着用できるので便利。

ネクタイ
白やシルバーグレー、白黒のストライプなど。

今どきコーディネート
スリムなシルエットのスーツも新鮮。少し光沢のあるネクタイやポケットチーフもアクセントになります。

靴
飾りの少ない革製の黒い短靴が基本。多少光沢がある遊び心のあるデザインでもOK。

第5章　冠婚葬祭のマナー 披露宴での服装

女性の装い

洋装

夜のパーティーの場合

アクセサリー、靴など華やかなものを選びましょう。ほどよく品があり、華やかなスタイルが好印象。

格式高い披露宴の場合

特に細かい決まりはありませんが、袖のないロング丈のワンピースに手袋をするのが一般的。ドレッシーなワンピースであれば安心です。

一般的な披露宴では

昼の礼装はワンピース、午後5時以降は肩の出るドレスにショールなどを羽織ります。

ワンピース
昼は肌があまり出ないワンピースで。極端に光る素材やアクセサリーは避けたほうが無難。

バッグ
基本的には布製のものがベスト。ヘビやワニ革など、は虫類の革製のものは避けましょう。

靴
プレーンなパンプスがおすすめ。つま先が出るサンダルはできれば避けます。

デザイン
新婦よりも派手な素材やデザインはNG。スカートはひざ下丈かロングで。

和装

未婚の女性は振り袖、既婚女性は留め袖が基本です。未婚・既婚問わずに着られる訪問着がおすすめです。

訪問着 　　振り袖

これはNG!

主役の新婦と同じ白いドレスや、新婦のドレスよりも派手なものはNG。また昼に光る石のアクセサリーは避けます。

披露宴のスピーチ

新郎新婦だけではなく、両親や来賓の心に響く親しみのあるスピーチが理想です。忌み言葉には細心の注意を。

伝えたいことを具体的に

スピーチを頼まれたら、まず快く引き受けます。スピーチでは「優しい」などありきたりの内容ではなく、人柄や心に残ったエピソードなどを具体的に、かつユーモアを交えつつ紹介します。新郎新婦の苦労話や暴露話はタブーです。

スピーチの基本スタイル

①祝福の言葉
親しみのある祝辞のほうがストレートに伝わります。

②自己紹介
新郎新婦との関係とともに自己紹介を。自分のことは話さないように。

③新郎＆新婦の人柄、エピソードの紹介
新郎新婦の仕事ぶりや人柄を、エピソードとともに具体的にユーモアを交えつつ紹介します。「優しい」「明るい」だけでは×。

④はなむけの言葉
友人や同僚へは自分の体験をもとに励ましの言葉を。上司や先輩へは若いなりの表現で場を盛り上げながら述べます。

⑤結びの言葉
二人の幸せを祈りつつ、招待してくれたことへのお礼の言葉で締めくくります。

3分を目安に簡潔にまとめる

スマートなスピーチとは

具体的な内容を簡潔に

長すぎるスピーチは×。新郎や新婦の人柄やエピソードをただ並べ立てるだけではなく、自分しか知りえないような二人の人柄や自分の素直な気持ちを表現しましょう。

心を打つスピーチのポイント

- 新郎新婦の両親や親族も喜ぶ内容
- 具体的なエピソードをからめる
- 自分の立場にふさわしい内容

これはNG！
新郎新婦の失敗談、過去の恋愛の暴露話、不幸・苦労話や自社のPRなどは絶対にNG。

第5章 冠婚葬祭のマナー 披露宴のスピーチ

披露宴スピーチ例

上司からのスピーチ例

　太田君、佳子さん、ご結婚誠におめでとうございます。ご両家の皆様、本日は誠におめでとうございます。ただ今ご紹介にあずかりました、佐伯と申します。
　新郎の太田君は、先ほどご媒酌人様がおっしゃいましたように非常に責任感が強く、アイデアマンの男性です。当社のただ今話題の新商品Aも、実は社内の会議でよい企画が出ず、煮詰まったところに太田君の「〇〇はどうでしょう」という一言で企画が生まれ、製品化にいたり、ヒット商品となりました。
　そんな太田君は本日、佳子さんとご結婚という、公私ともにヒットを飛ばし、まさにわが世の春といったところでしょう。
　新婦の佳子さんは、明るく聡明な方と伺っております。このようなお二人に対して私が申し上げることは何もございませんが、結婚生活は決して平坦（へいたん）ではありません。どんなときも、お二人で信じ合い、支え合えばきっと乗り越えられるでしょう。お二人の幸せを心から祈っております。ご列席の皆様にも、この新夫婦をあたたかく見守ってくださいますよう、私からもお願い申し上げます。

友人代表のスピーチ例

　政夫さん、佳子さん、ご結婚おめでとうございます。ご両家の皆様にも、心よりお祝いを申し上げます。私は新婦の佳子さんと高校時代のクラスメートの鈴木と申します。ここからは、高校時代のニックネームの佳ちゃんと呼ばせていただきます。
　佳ちゃん、結婚おめでとう。いつも明るくかわいいあなたですが、今日は一段と輝いているね。彼女には、かわいいだけじゃなくてとってもすてきな魅力があるので、ここで皆様に思い出のエピソードをお話しします。
　高校のとき、学祭でオリジナルダンスをクラス全員で踊ることになりました。でもみんなの意見がいつまでたってもバラバラで、学祭まであと10日というのに、練習もできずにいました。そんなある日、佳ちゃんがダンスの構成を考えてきてくれたんです。それはすごくカッコよくて楽しいアイデアで、みんなもすぐに賛成して練習をスタートできました。もちろん当日は大成功でした。
　こんなに頼れる彼女だから、これから先の人生で、もし乗り越えなければならないことが起こっても、きっとしっかり政夫さんをサポートしていけるでしょう。
　本日は本当におめでとうございます。どうぞ末永くお幸せに！

これはNG!

忌み言葉はこうして言い換える

- 「新婦は家庭に入られて」
- 「新婦はお仕事を離れ」
- 「帰宅すると」→「家に戻ると」
- 「新しい旅立ちを迎えて」
- 「新しいスタートを切って」

忌み言葉

「分ける」「破る」「途絶える」「閉じる」「消える」「失う」「冷める」「最後」「戻る」「とんでもない」「ほころびる」など

重ね言葉

「いろいろ」「くれぐれも」「かえすがえすも」「重ね重ね」「皆様様」「ますます」「またまた」「わざわざ」など

「切る」「別れる」「離れる」「分かれる」（別れる）などの忌み言葉や、再婚をイメージさせる「いろいろ」「たびたび」などの重ね言葉などに十分に注意しながらスピーチの内容を考えましょう。

167

そのほかの慶事

慶事には結婚式のほかにもいろいろあります。どの慶事に呼ばれてもいいよう、知識を深めておきましょう。

友人ならすぐにお祝いを

結婚式のほか、会社関係者が国や民間団体から賞を受けたり、取引先が新店舗を開店したりするなど、ビジネスではさまざまな場面で祝い事があります。このような慶事では基本的に当事者と直接関係のある場合のみ祝います。それ以外の場合は、上司と相談して電報を送るなど対応をしましょう。

祝い事の種類

各種授賞式
仕事の功績や作品が認められ、栄誉ある賞を受賞したときに行われる式。式典では服装指定がある場合もあります。

開店・開業祝い
会社関係者または取引先が新店舗を出したり、新事業を始めたりするときに行う祝賀会。親しい間柄ならお祝いの品を贈ります。

※他に個展や出版記念式典などがあります。

受賞祝い

贈り物なしでも大丈夫

受賞の連絡が入ったら、すぐにお祝いの品を自宅まで持参するか、祝電を送ります。ただし本人と直接関係がない場合は、お祝いの品は用意せず、手紙を送るだけでも十分祝意は伝わります。

おもな章・賞の種類

	章・賞の種類
国から授与されるもの	文化勲章、紅綬褒章、緑綬褒章、紫綬褒章など
民間団体から授与されるもの	音楽賞、文化賞、絵画賞など

お祝い品は縁起のよい物を

数日たっているなら
花のギフト券など
先方の趣味に合った置物

受賞直後なら
伊勢エビ
鯛
お酒

第5章 冠婚葬祭のマナー そのほかの慶事

開店・開業祝い

祝賀会にはぜひ出席を

会社関係者が新しい事業や新しい店舗を始める場合、開店・開業披露に招かれることがあります。その場合は、縁起のよいお祝いの品を持参して、将来の繁栄を祝って励ましてあげましょう。出席できない場合は電話や祝電でお祝いの言葉を伝えます。

お祝いの品はどうする？

縁起のいい品物を

開店・開業祝いの品には、縁起のよい招き猫や「大入」と書かれた額や絵画、花輪などを贈るのがふさわしいとされています。その場合、赤白の水引蝶結びののし紙に「開店（開業）祝い」と表書きをして贈ります。

祝賀会に招かれたら

祝賀会には礼装が基本

授賞式にあたって本人主催の祝賀会に招待されたら、ご祝儀を持参するのが一般的です。会費制の場合は会費がお祝い代わりになるので必要ありません。案内状には服装についての指示があります。「平服で」という指定があっても、男性は濃い色のスーツ、女性はドレスなど外出着で出席します。

服装のマナー

正礼服の指定なら

男性の場合は、昼ならモーニングコート、夜はえんび服で。女性の場合は、昼はアフタヌーンドレス、夜はカクテルドレスで。

略礼服の指定なら

男性ならブラックスーツ、女性なら華やかなワンピースやドレス、ツーピースがふさわしいとされています。

平服の指定なら

男性はダークカラーのスーツ、女性は外出着が基本。普段着という意味ではないので注意。

パーティーでの所作

帰る前に招待客にあいさつを。後日お礼の手紙を送ります。

なるべくたくさんの人と会話します。

会場に入ったら主賓や招待客にあいさつを。

訃報を聞いたら

弔事は基本的に突然聞かされることが多いですが、さまざまなルールやタブーがあります。

親交の深さで対応を判断

故人が友人や親族、親しい間柄ならすぐに弔問に駆けつけます。通夜の場合の服装は喪服でなく地味な普段着で構いません。故人が会社関係者なら、会社の対応に従います。個人的に親しかった会社関係者の場合は通夜か葬儀・告別式のどちらかに参列します。

訃報が入ったら

仕事関係者・取引先
まずは上司に報告をして会社の指示に従います。手伝いをするにしても会社の判断に任せます。

友人・同僚
ただちに弔問に駆けつけます。後ほど通夜に伺う旨を伝え、手伝いを申し出てもいいでしょう。

これはNG！

会社の承諾なしで会社名で花輪を送る

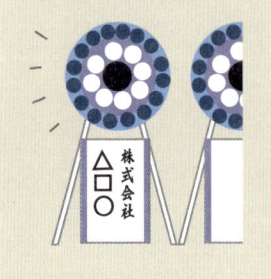

遺族に直接電話をかける

訃報を聞いたら、たとえお悔やみの言葉でも遺族に直接電話をして伝えてはいけません。会社関係者の場合は、独断で香典や供物の手配をするのは慎み、会社の指示に従います。

通夜と告別式、どちらに参列すべき？

故人と親しかった場合は、通夜か葬儀または告別式の両方に参列するほうが望ましいです。ただし、故人が会社関係者または あまり親しくなかった場合、通夜か葬儀または告別式のどれかに参列すればいいでしょう。

どちらかに参列を

170

第5章 冠婚葬祭のマナー 訃報を聞いたら

通夜・葬儀などに参加できない

電報で弔意を伝えます

喪主あてに弔電を葬儀の前日までに送りましょう。香典は現金書留で送ります。また、慶事と重なった場合は通夜や葬儀を優先させるのが正解です。

弔電の言葉遣いタブー例

忌み言葉
「かえすがえす」「まだまだ」「再三」「死去」「続く」など悲しみや繰り返しを連想させる言葉は避けます。

仏教のみで使う言葉
「冥福」「供養」「成仏」「合掌」などはキリスト教、神道では不可。

キリスト教では避ける言葉
「哀悼」「お悔やみ」は仏教用語なので、キリスト教では使用不可。

訃報を聞いたら Q&A

Q 喪主が分からないときはどうすればいい？

A 遺族に直接電話して聞いてはいけません。喪主を確認したい場合は、通夜や告別式の会場に、式の時間帯や喪主の連絡先などを直接聞きましょう。それでも不明な場合はあて名を「ご遺族様」として弔電を送っても失礼になりません。

Q 弔問には参列できませんが、お悔やみの言葉を直接電話で伝えたい

A どんなに親しい間柄であっても避けるべきです。遺族は通夜や葬儀・告別式の準備で忙しく、電話をされても対応できません。パソコンや携帯のメールも同じこと。お悔やみの言葉は、弔電で送るようにしましょう。

Q 病気で弔問に参列できないのですが、代理人を立てるべき？

A 自分が病気や高齢のため弔問に伺えないときは代理人を立てます。代理人が見つからないときは、ひとまず弔電を打ち、後日お悔やみの手紙を出すか、先方の都合を聞いてお参りに伺ってもよいでしょう。香典はそのときに渡します。

遺族側になったときは

世話役にすべて任せて

弔問客の対応や香典、諸雑務などは基本的にすべて世話役に任せ、喪主や遺族は祭壇を離れないようにします。お悔やみの言葉には「さっそくのお悔やみ、恐れ入ります」などと簡潔にお礼を述べて、わざわざ足を運んでくれた弔問客に感謝をすることが大切です。

外部に対しての心得

必要な人に連絡	故人の家族と三等親までの近親者、親しい友人知人に危篤をすべて電話で伝えます。
あいさつ	特に喪主は通夜から葬儀・告別式の間に何度も弔問客にあいさつをします。弔問客には故人への厚誼(こうぎ)にお礼を述べ、短めにあいさつを。
細かな気配り	客席での接待は世話役に任せ、喪主は弔問客へ丁重に返礼をします。

香典の基礎知識

香典は弔事に出席する場合に持参します。金額は故人と自分との関係によって変わってきます。

不祝儀袋は宗教に合わせて

香典は故人との関係の深さや、地方によって包む金額や習慣が異なります。一般的には、勤務先関係は5000円、取引先関係、祖父母や親しい知人や友人などは1万円が相場となっているようです。香典は必ず宗教や宗派に適した不祝儀袋に入れて手渡します。

お札について

古すぎても新しすぎても×

不祝儀袋に入れるお札は新札はNG。前もって用意していたということで遺族に失礼になると言われているからです。かといって古すぎる紙幣も、人に差し上げるものなので、避けるべきでしょう。

不祝儀袋は宗派によって異なります

仏式
表書きに「御香典」と書かれたものが仏式専用。白無地に黒白または銀の結び切りの水引を選んで。

共通
白無地に黒白または銀の結び切りの水引に「御霊前」と書かれたものはどの宗教にも使えます。

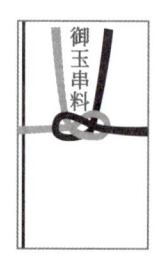

神式
白無地の封筒に、黒白または銀の結び切りの水引を。表書きは「御玉串料」「御神前」など。

キリスト教式
白無地か、十字架かユリの花がプリントされたもので、表書きは「御花料」のもの。水引は不要。

第5章 冠婚葬祭のマナー 香典の基礎知識

ふくさの包み方 〜弔事編〜

慶事とは包み方が逆。

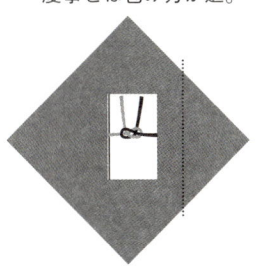

1 ふくさの色は黒や灰色など地味な色に。ふくさの中央に不祝儀袋を置きます。

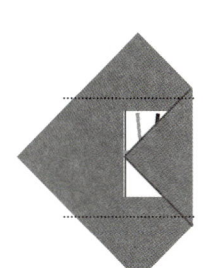

2 右の角、下、上の順に折ります。

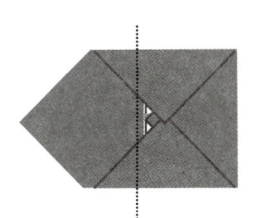

3 最後に左から右に折り、角はかぶせるようにして包みます。

不祝儀袋の書き方

表

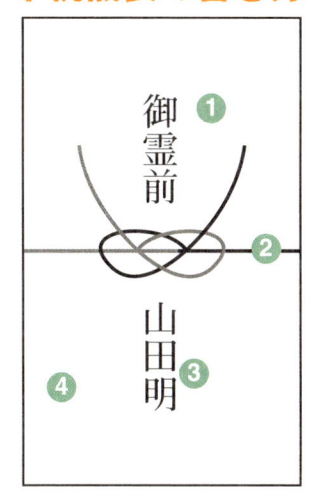

❶ 御霊前
❷ （水引）
❸ 山田明
❹

水引
❷ 仏式、神式の場合は、黒白または銀色の「結び切り」の水引を用います。キリスト教式の場合は不要です。

地の色
❹ どの宗教も白。仏式ではハスの絵が、キリスト教式ではユリや十字架がプリントされたものもあります。

表書き
❶ 宗教や宗派によって異なるので注意して選びます。「御霊前」はどの宗教も共通です。

名前
❸ 水引の下に、薄墨のペンで氏名を書きます。薄墨には「悲しみで文字がにじんでしまいました」という意味があります。

中包み

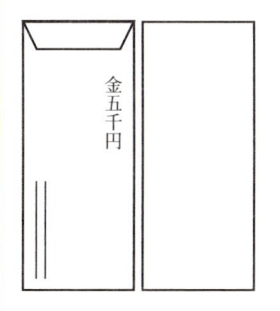

金五千円

表には何も書かず、裏には住所、氏名、金額を書きます。

裏

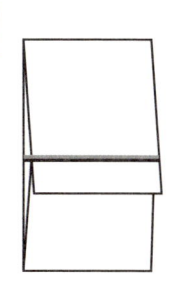

弔事では、不祝儀袋の裏は上側を下にかぶせます。慶事はその逆なので絶対に間違えないようにしましょう。

通夜・告別式での振る舞い

さまざまな場面に適したマナーがあります。遺族に失礼のないよう、きちんとしたマナーでお別れを。

時間通りに式場に到着を

通夜や葬儀・告別式いずれの場合も遅刻は最も失礼な行為なので気をつけましょう。式場に入ったら焼香の順番が来るまで待ちます。もし喪主や遺族と目が合っても、あえて声をかけず、軽く黙礼をします。葬儀や告別式は、出棺まで参列するのが礼儀です。

受付は10分前に

葬儀での遅刻は厳禁

通夜や葬儀に参列する場合は、式が始まる10分前には受付を済ませます。弔事での遅刻は特に失礼な行為にあたるので注意しましょう。葬儀や告別式に参列する場合は出棺まで見送り、退出します。

お悔やみの言葉

遺族と長々話さないこと

弔事の場合、お悔やみの言葉は必要最低限にとどめます。受付で香典を渡すときも簡潔な言葉で十分。遺族と対面しても一言で弔意は伝わります。

> 「このたびはご愁傷様でございます」
> 「このたびは突然のことでございました」
> 「お知らせ頂きありがとうございました」（キリスト教）

宗教によってタブーとされる言葉があるので注意。

通夜の進行

亡くなった当日に近親者や友人が集まって、一晩中故人を守るのが通夜です。現在では午後6時ごろから2～3時間行われる半通夜が主流です。

席に着く → 僧侶の読経 → 焼香 → 通夜ぶるまい

※仏式の場合

174

第5章 冠婚葬祭のマナー 通夜・告別式での振る舞い

香典を渡す

出席の場合は必ず持参

通夜のみに参列する場合は、通夜に持参します。通夜と葬儀・告別式両方に参列する場合は、通夜で手渡し、葬儀・告別式では記帳のみにします。香典を渡すときには、一言添えてから差し出しましょう。

香典の渡し方

1. 受付に着いたらまず一礼を。お悔やみの言葉を述べます。
2. ふくさを取り出し、左角、下方をといたら不祝儀袋を手前に抜き出します。
3. ふくさを簡単にたたみ、表書きを受付の方へ向け、両手で手渡します。

通夜ぶるまい

故人と親しいなら出席を

通夜ぶるまいとは、通夜の後に喪主が参列者に対して食事やお酒をふるまうこと。通夜ぶるまいは、故人との関係の深さで受けるか受けないかを決めます。生前親しくしていたのなら、喜んで受け、故人をしのびましょう。

これはNG!

通夜ぶるまいは酒宴ではないので、暴れたり騒いだりするのは禁止。また、自分から遺族に死因を聞いたり失礼な発言をしたりするのは最も失礼な行為です。

通夜・葬儀・告別式でのタブー

- 遺族に死因を聞く
- 遺族に長々話しかける
- 関係のない話をする
- 携帯電話を鳴らす

葬儀・告別式

葬儀とは、故人と親しかった人が冥福を祈る式。告別式は知人と共に故人との最後の別れをする式。現在は葬儀と告別式を同時に行うのが一般的。

開式の辞
→ 僧侶の引導・読経
→ 弔事・弔電の奉読（葬儀のみ）
→ 読経・焼香
→ 僧侶退場・閉式の辞

葬儀の場合は遺族や近親者のみ行います。

※仏式の場合

供花・供物について

一般弔問客は必要なし

供花や供物は、基本的に一般の弔問客は供えなくても構いません。供えたい場合は、事前にその旨を伝え、葬儀社を通じて通夜の当日までに届くように手配します。遺族に辞退された場合は、無理強いして供えるのは失礼にあたるので、遺族の意向に沿いましょう。

供物は宗教により異なる

- **仏式**　線香やろうそく、果物、缶詰、干菓子、酒、野菜など。
- **神式**　魚などの海産物、和菓子や果物。
- **キリスト教式**　献花が供花・供物の替わりになるので、必要ありません。

葬儀・告別式について

出棺まで参列します

葬儀や告別式が始まる10分前には受付を済ませ、自分の立場にふさわしい席に座ります。焼香が終わったら親族代表のあいさつなどがあり、出棺となります。葬儀の後に告別式が行われる場合は引き続き参列し、その場合は出棺まで見届けて帰るのが礼儀です。

通夜＆葬儀・告別式 Q&A

Q 代理人として参列した場合の所作はどのようにしたらいい？

A まず受付で芳名帳に上司の名前を書き、その下に（代）と書きます。名刺を差し出す場合は、上司の名刺の右上に「弔」、自分の名刺には「代」と書き、両方とも受付担当者に直接手渡します。

社葬の場合

会社の判断と指示に従って

社葬とは、会社が主催者となって行う葬儀。一般の葬儀とは違い大規模に行われます。会長や社長などの経営者が亡くなったとき、または業務中の事故にあった社員に対して行うこともあります。

親しくしていた社員が亡くなったら、自分から手伝うことはないか上司に申し出ましょう。

故人とたとえ個人的に親しくても、会社の方針に従います。自分勝手な行動はNG。

176

第5章　冠婚葬祭のマナー　通夜・告別式での振る舞い

さまざまな葬儀

画一的でないセレモニーも

例えば遺骨を海や山にまく散骨祭や、セレモニーパーティーなど、故人や遺族の強い意志で、形式にとらわれない葬儀を行うことがあります。そういう会に出向く場合は、特に堅苦しい決まりはないので、臨機応変に対応しましょう。

音楽葬

散骨葬

無葬儀

弔辞を頼まれたら

忌み言葉には十分注意を

弔辞は、故人と特に親しかった人の中から遺族が選ぶものなので依頼されたら快く受けましょう。弔辞の長さは3分ほどを目安に、忌み言葉や死因について触れるのは避け、ありきたりにならないよう、自分の言葉で表現します。

弔辞の構成

① 故人を悼む言葉、弔報を知った驚き
② 故人と自分の関係
③ 故人の人柄や略歴などを述べ、故人をたたえる
④ 残された者としての決意
⑤ 遺族をなぐさめ、励ます言葉
⑥ 冥福を祈る結びの言葉

弔辞の開き方

3 弔辞を読み終えたら、弔辞を上包みに入れ、右手で閉じます。

2 上包みを右手でたたんで上包みの上に弔辞をのせ、右手で開きながら読みます。

1 奉書紙を左手に持ち、右手で弔辞を取り出します。

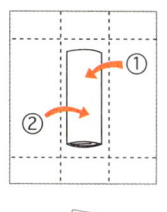

弔辞の包み方

1 奉書紙を用意し、その中央に弔辞を置き、右を折り、左を折ります。

2 次に上下を折り込み、「弔辞」と表書きをします。

通夜・葬儀の服装

弔事はふさわしい服装で臨むのがマナー。男女ともに準礼服で出席するのがよいでしょう。

葬儀・告別式には準礼服で

通夜は急に駆けつけることが多いので、男女ともに地味な平服で問題ありません。ただし、女性は真珠のネックレスと結婚指輪以外は外し、男性はネクタイを暗い色のものに替えます。葬儀や告別式では準礼服か略礼服で式に参列を。

数珠は宗派共通のものを

ふくさは色の地味なもの

男性の服装

略礼服
濃紺やダークグレーなど黒以外のスーツの場合はネクタイを黒にします。どうしても黒のネクタイを用意できない場合は、地味な色ならそれでも構いません。

準礼服
ブラックスーツが基本。シャツは白い無地のもので、ジャケットはシングル、ダブルどちらでも問題ありません。ネクタイと靴、靴下も黒にそろえます。

小物類

これはNG! 光沢のあるもの、素材が派手、デザインが派手なものはNG!!

第5章　冠婚葬祭のマナー　通夜・葬儀の服装

女性の服装

略礼服
黒やグレー、ダークブラウンなどのダークな色のアンサンブルやワンピースを着用しましょう。ストッキングは黒のほか肌色、グレーでも構いません。

準礼服
黒のツーピースで、スカートはひざより下の丈のものを。黒いストッキングを着用し、靴は布製のプレーンなタイプを用意しましょう。光沢がなければ革靴でも可。

ネックレスやリングは一連で
悲しみの席では身だしなみが大切なのでおしゃれは必要ありません。アクセサリーは真珠かオニキスの一連のネックレスが適しています。

POINT

サンダル・ストラップ類は不適
ハイヒールやサンダル、ブーツなどは禁物。プレーンなデザインで黒い靴がベスト。光沢感がなければ革靴でも問題ありません。

POINT

これはNG!
黒い洋服でも透けていたり光沢があったりするものはNG。コートをイメージするので毛皮や革製のものは絶対に避けます。男性の場合はジャケットのカフスボタンや金ボタンもふさわしくありません。

派手なバッグは避ける
ブランドものでも構いませんが、は虫類の革製のものや金の金具やラメ入りなど派手なものは不適切。布製で黒く地味なものがよいでしょう。

POINT

メイクはほどほどに
ラメ入りなど派手な化粧はNGですが、ノーメイクでも失礼です。薄いメイクで、口紅やほお紅は肌色に近いものにしましょう。

POINT

宗派ごとの献花・焼香

宗教によって弔い方が異なります。どの宗教の弔事に出席してもいいよう、知識を蓄えておきましょう。

宗派によって異なる儀式

故人とのお別れの仕方は、宗教によって異なります。仏式の場合は、線香や抹香をたく焼香を行い、神式では玉ぐしを祭壇に捧げます。キリスト教式の場合、生花を献花台に捧げる献花が行われます。いつ弔事に参列してもいいよう覚えておきましょう。

仏式での作法

線香か抹香をたくのが仏式

仏式では焼香と合掌で死者への弔いをします。香には線香と抹香があり、通夜では線香を、葬儀・告別式では抹香をたくのが一般的です。式場が狭い場合は香炉を送る回し焼香を行うこともあります。

仏式通夜の席次例
※①から順に上座→下座

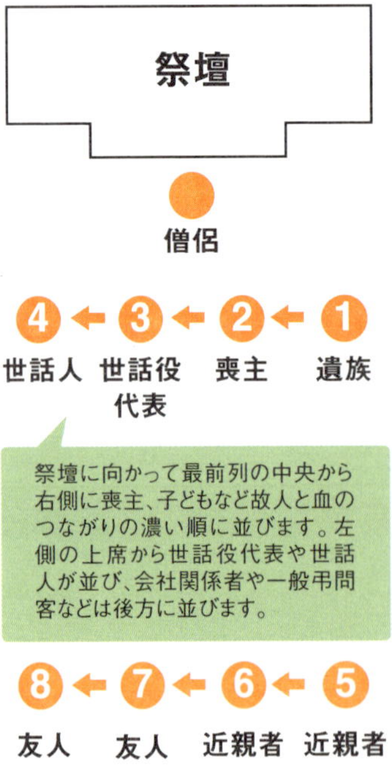

```
        ┌─────────┐
        │  祭壇   │
        └─────────┘
             ●
            僧侶

   ④ ← ③ ← ② ← ①
  世話人 世話役 喪主 遺族
         代表
```

祭壇に向かって最前列の中央から右側に喪主、子どもなど故人と血のつながりの濃い順に並びます。左側の上席から世話役代表や世話人が並び、会社関係者や一般弔問客などは後方に並びます。

```
   ⑧ ← ⑦ ← ⑥ ← ⑤
  友人  友人 近親者 近親者
```

部屋が狭い場合は
左右に分けることができない部屋の場合は祭壇のそばに喪主や遺族が座り、それ以外の弔問客は周りに座ります。

数珠の扱い方

短い数珠
合掌するときは両手にかけます。
焼香するときは左手にかけます。

長い数珠
合掌するときはひとひねりしてはさみ合わせます。 
使わないときは左手首か、左手の指にかけます。

第5章 冠婚葬祭のマナー 宗派ごとの献花・焼香

線香焼香

1 順番が回ってきたら祭壇の前で遺族、僧侶に一礼し、遺影に一礼して合掌します。

2 線香を1本取り、ろうそくで火をつけ、炎を手で仰いで消します。

3 線香を香炉に立てます。

4 合掌したら一礼し、数歩後ろに下がり、遺族と僧侶に一礼して自分の席に戻ります。

立礼焼香

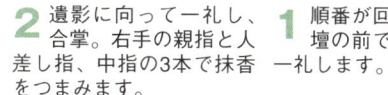

1 順番が回ってきたら祭壇の前で遺族、僧侶に一礼します。

2 遺影に向かって一礼し、合掌。右手の親指と人差し指、中指の3本で抹香をつまみます。

3 頭を軽く下げながら、つまんだ抹香を眉間くらいの高さに上げます。

4 香は香炉へ落とします。これで1回。回数は1〜3回が目安ですが弔問客が多い場合は1回の場合も。

5 故人の遺影に向かって合掌し、一礼。後ろに数歩下がり、遺族と僧侶に一礼して自分の席に戻ります。

回し焼香の作法

1 香炉が回ってきたら、正面に置き、次席の人に「お先に」の意味で会釈し祭壇に向かって合掌します。

2 右手の親指と人差し指、中指で抹香をつまみ、眉間の高さまで上げてから香炉に落とします。

3 祭壇に向かって再び合掌し、両手で香炉を持ち、次の人に回します。

神式での作法

祭壇に榊の枝を捧げます

玉ぐしという榊の枝に、四手という紙を下げたものを祭壇に捧げるのが神式での弔い方です。葬儀の前に行う手水の儀や、二拝二拍手一拝という神式独自の儀式があるので、それぞれの作法を覚えておきましょう。神式ではもちろん数珠は使用しません。

仏教用語に注意

仏教では		神式では
「焼香」	→	「拝礼」
「仏様」	→	「御霊（みたま）」

このほかに「冥土」「成仏」「回向」なども仏教用語

忌み言葉

「仏」「経」「僧侶」は使わない

玉ぐし奉奠（ほうてん）の作法

1 神官から玉ぐしを受け取ったら、右手で根元を、左手で葉を支えるようにして持ちます。

2 祭壇の前でそのまま一礼し、玉ぐしを時計回りに90度回し、祭壇に葉が向くように持ちます。

3 左手は根元を、右手は葉を支えるように持ち替え、葉が手前にくるように玉ぐしを回転させます。

4 そのまま祭壇に供えて、一歩下がり、2回拝礼し、音を立てないように2回手を打ち一礼します。次に遺族に一礼して席に戻ります。

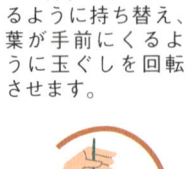

手水の儀の作法

1 ひしゃくで水をくみ、左手に3分の1をかけます。

2 ひしゃくを左手に持ち替えて、右手に3分の1をかけます。

3 さらにひしゃくを右手に持ち替え、左手に少し水をくみ口に含みます。

4 左手に水をかけ、ひしゃくを立て柄を清め、懐紙かハンカチで口と手を拭きます。

第5章　冠婚葬祭のマナー　宗派ごとの献花・焼香

プロテスタントとカトリックの枕飾り

カトリック

プロテスタント

キリスト教式の作法

神への礼拝という考え方

キリスト教では、死とは神の元に召されることなので、遺族に対して「ご愁傷様でした」と言葉をかけるのはNG。「安らかなお眠りをお祈り申し上げます」とします。カトリックはミサ、プロテスタントは祈りを中心とした式で、いずれも生花を捧げる献花という儀式が行われます。

献花の仕方

1 祭壇の手前まで進み、茎が左、花が右になるよう花を受け取ります。

2 祭壇に進み、花をそのまま持ちながら一礼します。

3 花の根元が祭壇に向くように持ち替え献花台に両手で捧げます。

4 カトリック信者の場合は十字を切ります。それ以外の参列者は軽く黙とうしてから一歩下がり、遺族に一礼を。

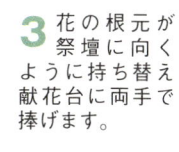

これはNG！
このたびはご愁傷様でした

キリスト教では「ご愁傷様でした」「冥福」「成仏」「お悔やみ」などの言葉を使うのは避けます。「たびたび」など忌み言葉も使ってはいけません。

キリスト教式での通夜ぶるまいとは？
軽食やお茶が供されます

仏式や神式のようにお酒や食べ物をふるまう通夜ぶるまいという儀式はキリスト教にはありません。その代わり、サンドイッチやクッキーなど軽食をふるまう会が供されることが多いようです。

183

ビジネス力UP講座

もしも身内に不幸があったら…

どんな心境のときでも感謝の言葉は忘れずに

自分の両親や兄弟、祖父母、子供に不幸があったら、まず会社に連絡を入れること。直属の上司に知らせ、欠勤のお願いをしたのちに、取引先などへの連絡を担当の部署に依頼します。

上司や同僚の弔問は「お忙しいところありがとうございました」と一声かけましょう。

また、香典をもらった人には香典返しといって香典の額に応じた品物を送らなくてはいけません。品物のランクは香典の半額が目安と言われていますが、最低額が2000～3000円のため、香典の金額によってはのり、香典返しは三分の一程度でよいとされています。時期は、忌が明けたら送るのが習わし。

だし一家の働き手を亡くした場合、香典返しは三分の一程度でよいとされています。時期は、忌が明けたら送るのが習わし。

半額以上の品になることも。た会社や部署名義で香典をもらった場合は、菓子の詰め合わせなどを会社あてに送りましょう。

忌服の期間（※）

故人	忌	服
父母	50日	13カ月
養父母	30日	150日
夫	30日	13カ月
妻	20日	90日
嫡子	20日	90日
養子	10日	30日
兄弟・姉妹	20日	90日
祖父母	30日	150日
曽祖父母	20日	90日
伯・叔父母	20日	90日
孫	3日	7日
従兄弟姉妹	3日	7日
甥・姪	3日	7日

- 通夜、告別式の連絡
- ↓
- 式への出席
- ↓
- 四十九日忌法要（仏式の場合）
- ↓
- 香典返し

※明治7年に太政官布告。現在では参考程度で、忌は初七日、服喪（気持ちの上）は忌明けの四十九日と考えるのが普通。

第6章 食事のマナー

テーブルマナーの基礎知識

食事会に招かれたとき、正しいマナーで食事をするということは、店や招待主に対して最低限の礼儀です。

楽しく食事をするために

フォーマルでもインフォーマルでも、基本的な食事のマナーは楽しく食事をするためには必須です。フォーマルな場では特にテーブルマナーが要求されます。周囲の人に不快感を与えないよう、正しい作法で食事を楽しみたいものです。

フォーマルな場に招待されたら

- 招待状がある場合は招待状を持参する
- 集合時間の15分前には会場に到着する
- 食事前には必ず化粧室に行っておく

フォーマルな場の心得

ルール①　身支度を整えます

お店には集合時間の15分前に到着しているのが理想です。食事中に席を離れるのはマナーに反するので席に着く前にトイレを済ませ身なりを整えておきます。お店を手配する場合は、人数や日時など店側にきちんと確認しましょう。

ルール②　食べ方もスマートに

料理が運ばれてきたら、食器の音を立てないように食事を楽しみます。また、口の中に食べ物を入れたまま話したり、げっぷをしたりと下品な行為は絶対に禁止。同席の人と食事のペースを一緒にするのもマナーの一つです。

予約するときに確認し、伝えること

名前、日時、人数、クレジットカード取り扱いの有無、閉店時間、予算、料理の内容（コースかアラカルトか）、ドレスコードの有無、誕生日など特別な場合のはからいについて

第6章 食事のマナー　テーブルマナーの基礎知識

ルール③ 食事中のたばこは厳禁

食事中のたばこは、周囲の人が迷惑なだけではなく、料理の味が損なわれるので避けます。どうしても吸いたい場合は、食事会の終盤、またはデザートが運ばれてからにし、同席している人に一言断りを入れましょう。

ルール④ 食器は自分で拾わない

西洋料理店ではフォークやナイフを落として、自分で拾うのはマナー違反になります。落としてしまった場合は、同席者にわびてから軽く手を挙げて、係員を呼びます。

NG

ルール⑤ 香水は控えめに

レストランには清潔感のある服装で出掛けます。女性はすっきりとしたヘアスタイルで、香りの強い香水や整髪料は控えます。男性は手や爪が汚れていないか確認を。

男女別身だしなみ

女性
- 香水は控える
- 髪は束ねる
- 口紅はティッシュで押さえておく

男性
- 手の指や爪は清潔に
- 着席時はスーツのボタンを外す

お店にオーダーできること、できないこと

これはOK？

- 洋食レストランで箸（はし）を頼む → △
  カトラリーを使うのに不慣れなお年寄りに限ってOK。
- 案内された席を移動する → ○
  ただし満員の場合はお店の都合を考えて避けましょう。
- 生の料理を持ち帰る → ワインなら○
  衛生上の問題があるので避けている店が多数。
- 別々に会計する → ×
  個別だとレジが込み合うので会計時は一括で精算を。

迷惑な客にならないように気をつけて

いくら客とはいえ、店が迷惑に思うことがあります。例えば、テーブルにない調味料をもらったり、予約人数が変更になっても連絡しなかったりするのはNG。細かいことを前もって確認しておくようにしましょう。

お店での席次と着席

レストランも席次が決まっています。どの場合でも基本は入り口から一番遠い席が上席です。

座り方にも作法があります

テーブル席では、いすの背にもたれかかったり猫背になったりせず、背筋を伸ばして座ります。正座をする日本料理店では、目上の人が足を崩し、声をかけられてから自分も崩すようにします。どの店にも席次は存在するので、その部屋の席次に沿って着席します。

日本料理

床の間の位置が重要です

和室では、基本的に床の間に近い席が上座となります。床の間がない場合は、入り口から最も遠い席が上座になります。これはどんな形の部屋でも共通する決まりなので、覚えておきましょう。

和室での席次 ※①から順に上座→下座

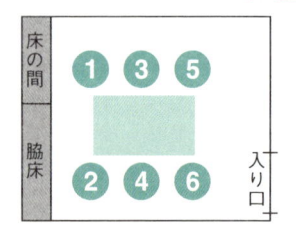

本勝手の場合
入り口の正面右側に床の間があるタイプ。この場合は床の間に最も近い①が上座です。接待などの場合は③が②に、⑤が③となります。

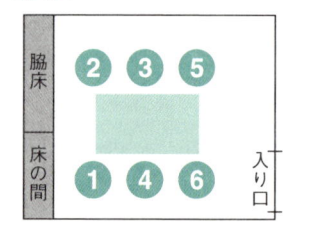

逆勝手の場合
入って正面左側に床の間のあるタイプを逆勝手といいます(逆床ともいいます)。①と②の位置が本勝手とは逆になります。

両脇に脇床がある場合
例えば10人と大人数が座る場合、まず入り口に一番遠い席の中で、床の間の前が上座となります。脇床が一つの場合も同様になります。

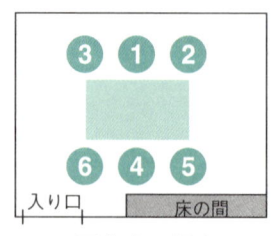

下座床の場合
入り口の横や近くに床の間があるのが下座床。この場合は、入り口に最も遠い中央の席が上座です。4人の場合は②の位置が上座になります。

第6章 食事のマナー　お店での席次と着席

レストランでの席次

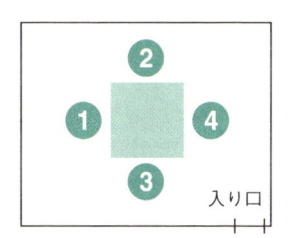

テーブル席の場合

基本的に入り口から一番遠い席が最上席となります。しかし③の席が一番景色のよい、絵画などが見られるなどなら③が最上席になる場合もあります。いずれも入り口に近いのが下座。

パーティーなど大人数の場合

結婚披露宴のようにメインテーブルの①②が主役の場合は、入り口から見て左側が①の招待客、右側が②の招待客となり、いずれも主役に一番近い席が上座になります。

※①から順に上座→下座

西洋料理

状況によって変化する席次

西洋料理での席次は入り口から一番遠い席が上座です。ただし入り口に近い席でも眺めがよいなど条件によっては、上座と下座が変化することがあります。会食などの際には、店に入ったらまず席次を確認し、フレキシブルに対応するとよいでしょう。

いすの座り方

1 席まで行ったらいすの左側に立ち、係員がいすを引いてくれるまで待ちます。

2 係員がいすを引いたら前に入り、押したらそれに合わせて座ります。バッグは背もたれに置くか大きければいすの右下に。

3 いすにやや深く座ります。テーブルといすとの間はにぎりこぶし1つ分ほど空けておきましょう。

これはNG!

- テーブルにひじを突く ✗
- いすに寄りかかる ✗

着席したら背筋を伸ばし、料理が来るまで手はひざの上にのせて待ちます。食事中はひじを突いたり、いすに寄りかかったりするのはエチケット違反です。

日本料理のマナー

料亭や和室では正座することが多いので、座りやすい服装で出掛けましょう。足元にも気を使って。

箸の持ち方に気をつけて

日本料理で一番気をつけたいのは箸使いです。箸の使い方が悪いと見苦しくなるので、持ちグセがある人は改めておきましょう。また、座敷で正座になることが多いので、動きやすい服装で出掛け、靴下や靴の中敷きが汚れていないかもチェックします。

これはNG!

靴を脱いで上がる座敷では、素足は好ましくありません。特に女性はストッキングや靴下をはくことを忘れずに。また靴の中底の汚れにも気をつけることが大切です。

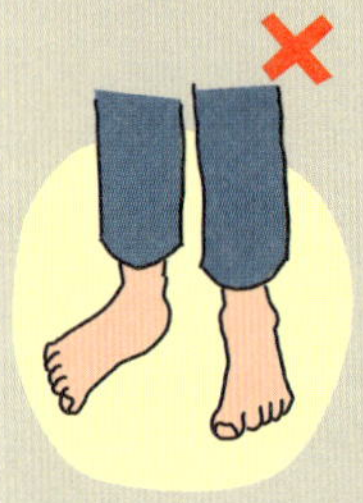

男性も女性も素足は厳禁。靴下は清潔なものを。

日本料理の種類

一般的なのは会席料理

日本料理には、最も格式が高く伝統的な本膳料理と、簡素な料理が一品ずつ出される懐石料理、そして現在の日本料理で最も一般的な会席料理があります。会席料理は酒宴が目的なので、ご飯や汁物は最後に出されます。

本膳料理

ご飯、汁物などの一の膳、和え物や煮物などの二の膳、刺し身やわん物の三の膳、焼き物の与(四)の膳、お土産用の五の膳といった構成になります。

懐石料理

由来は茶の湯で出される軽い食事から。一汁三菜が基本で、最初に少量のご飯と汁、肴(さかな)などの向付が出され、その後に一品料理が出ます。

会席料理

江戸時代の酒宴料理が起源。日本酒やビールを飲みながら頂きます。一品料理が並んでいる形式と、次々と料理が運ばれてくる形式とがあります。

懐紙の使い方

懐紙は忘れずに持参

日本料理ではナプキンの代わりに懐紙を用います。懐紙は指先や箸先の汚れをぬぐったり、受け皿として使ったりとさまざまな用途があります。茶道具店や和雑貨店で売っているので、できれば持参して会場へ行きましょう。

汁気の多い食べ物の受け皿として使います。

指先や箸先の汚れをふくためにも利用します。

魚の小骨を出すときに口元を隠すために使えます。

魚料理の頭を押さえて骨を取りやすくする用途も。

第6章　食事のマナー　　日本料理のマナー

料理のいただき方

箸を使いこなして美しく

おしぼりは用意されていても手をふくだけに使い、口をふいたりするときは懐紙を使います。料理は器を持って食べますが、丼やお重、刺し身の皿や小鉢類は持ってはいけません。また、左手を口の下に添える手皿もタブー。

鮎の塩焼きの食べ方

1. 懐紙を持った左手で鮎（あゆ）を立たせて置き、上から箸で背中全体を押します。

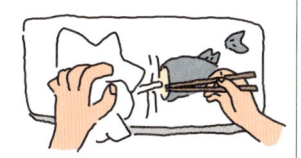

2. 魚を寝かせて尾を箸で取り、箸で魚を押さえながら左手で頭を引くと骨が抜けます。

3. 一口ずつ食べます。小骨は懐紙で口元を隠しながら出し、皿の向こう側にまとめます。

刺し身の食べ方

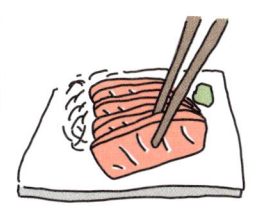

1. 皿の手前から刺し身を食べます。盛り付けを崩さないのも大切なマナーです。

2. わさびを少量刺し身につけ、しょうゆにつけます。しょうゆが垂れないよう懐紙を受け皿に。

POINT わさびはしょうゆに溶かすと風味が損なわれるのでNG。

殻付きエビの食べ方

1. 左手で懐紙を持ち、エビの頭を押さえながら胴と頭を分けます。次に殻から身を取り出します。

2. 身を箸で一口ずつ切り分けて食べます。懐紙で口元を隠しながらそのまま食べてもOK。

フルーツの食べ方

1. メロンなどは切り込みが入っている側から食べます。食べ終わったら食べ口を手前に倒します。

2. 種があるものは懐紙で口元を隠しながら出します。種は懐紙に包み、皿の隅に置きます。

くし物の食べ方

くし物は初めに全部くしから外したほうがいいでしょう。焼き鳥は食べる分だけ外します。

ふた付きわんの扱い方

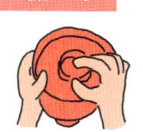

1. 右手でわんのふたをつまみ、左手はわんの縁に添えます。

2. ふたを静かに開け、わんの内側にふたを立てるようにして水滴を切ります。

3. ふたが取れない場合は、わんの縁を両手で押しながら挟みます。ふたとわんの縁にすき間ができれば取れます。

正しい箸(はし)の使い方

誤った箸使いはマナー違反だけではなく人柄までも疑われます。正しい箸使いをマスターしましょう。

知っておきたい箸使い

「箸の使い方で人柄が分かる」と言われているほど、日本では箸使いが重要なマナーの一つとされています。箸の使い方で大切なのは、正しく持つことです。これができていれば、挟む、つまむ、運ぶ、のせるなどあらゆる動きが自在になります。

これが基本の持ち方

持つ位置は箸の頭の部分から1cmほど離れた場所。

上側の箸は、親指と人差し指、中指の3本で持ちます。

使うときは上の箸のみを動かし、下の箸の位置はそのまま。

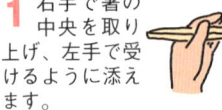

箸の取り方

1. 右手で箸の中央を取り上げ、左手で受けるように添えます。 
2. 左手を添えながら右手を下にまわりこませて持ち返します。

割り箸の使い方

1. 右手で割り箸を取り、左手で下を、右手で上の箸を取り、手首を90°にひねり、おうぎを開くようにひざの上で割きます。 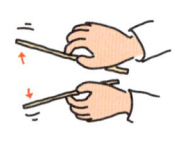
2. 毛羽立ってしまったら手で取ります。

箸の置き方

1. 右手に持った箸の中央部分を左手でつまみます。 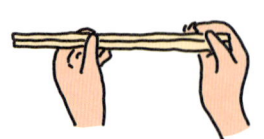
2. 右手に持ち替えて箸置きなどにそっと置きます。

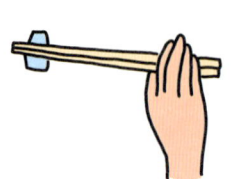

これはNG!

割り箸を割るときは、膳の上で割ったり、縦に割り箸を持って割ったりするのはマナー違反。なるべくパチンと音がしないように割るのがスマートです。

192

第6章　食事のマナー　　　正しい箸の使い方

このほか、口に食べ物を押し込む「押し込み箸」、箸と箸で食べ物を渡す「移し箸（拾い箸）」などのタブーがあります。

ねぶり箸
箸先を口の中に入れてなめること。

もぎ箸
箸に付いたご飯粒を直接なめ、口でもぎ取ること。

探り箸
器の中や奥の料理を探るようにしてかき混ぜること。

迷い箸
どれを食べようかあちこちと箸先を動かすこと。

刺し箸
箸先で料理を突き刺して食べること。

こんな箸使いはタブー!!

涙箸
汁気の多い料理の汁を垂らしながら口元へ運ぶこと。

突き立て箸
ご飯に箸を突き立てること。

渡し箸
器や皿に箸置きのようにして置くこと。

寄せ箸
皿やおわんを箸で引き寄せたり移動させたりすること。

重ね箸
同じ料理の器に続けて箸をつけること。

移り箸
おかずからおかずに連続して箸をつけること。

箸置きがない場合は…
箸袋で箸置きを作る

これを千代結びにすると箸置き代わりになります。

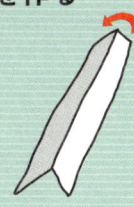

箸袋を縦に二つ折りにします。

箸袋を折って箸置きにします

日本料理では器を取るときに箸を置くのがマナーです。よって膳には箸置きが用意されていますが、ない場合は箸袋を折って箸置き代わりにします。箸を置く場合は器や膳に直接触れないようにします。

西洋料理のマナー

周囲の人に迷惑にならないようテーブルマナーを守ることは、レストランでの最低限のルールです。

カトラリーを使いこなして

西洋料理を楽しむ場合は、料理が全員に行き届いたのを確認してからナイフとフォークを取ります。出された料理は基本的に残さないようにし、食べる速度も周囲と合わせるようにしましょう。また、カチャカチャと音を立てて食べたり、同席者とお皿を交換し合ったりするのはマナー違反です。

ナプキンの扱い方

中座の時 / **退席の時**

ナプキンは料理がきたら広げます。食事中は折り目を手前に二つ折りにしてひざに置き、中座するときは軽くたたんでいすに。

イタリア料理のフルコース

1. 食前酒
2. 前菜
3. パスタ・スープ・リゾット
4. メイン（魚か肉か選ぶ）
5. サラダ
6. デザート
7. コーヒー

フランス料理のフルコース

1. 食前酒
2. オードブル
3. スープ
4. 魚料理
5. 肉料理
6. ソルベ
7. ロースト
8. サラダ
9. チーズ
10. ケーキ
11. フルーツ
12. コーヒーまたは紅茶

※パンは②のときに出され、⑧のサラダのときには下げられます

料理の食べ方

食べきれない場合は伝える

フルコースの場合、12〜13品程度の料理が出されます。料理によって食べ方が異なるので、次ページを参考にしてください。出された料理は食べきるのが礼儀ですが、食べきれない場合は次の料理が来る前に係員に伝えておきましょう。

生ガキの食べ方

1 左手で殻を押さえ、右手で持ったフォークを貝柱に刺して身を外します。

2 レモンやソースをかけ、殻に口をつけ汁を吸いながらフォークで食べます。

第6章 食事のマナー　　西洋料理のマナー

肉料理の食べ方

ソースをかけたら、左端から一口大に切って食べます。最初から全部切り分けてしまうのはマナー違反になります。

> **POINT**
> くし焼きの肉の場合は、左手でくしを持ち、フォークを持った右手で肉や野菜を押さえ、引き抜きます。

パスタの食べ方

本場イタリアではフォークのみで食べます。フォークを立てて持ち、パスタを少量取り、回しながらからめます。

アラカルトをオーダーするとき
食べきれる量を注文しましょう

コースに沿ってオーダーすると間違いはないですが、カジュアルなレストランなら、前菜4品とメイン2品をオーダーし、同席者と分けてもよいでしょう。デザートは先に決めずおなかの様子を見てオーダーしたほうが安心です。メインを選ぶときは前の料理と同種類が続かないようにバランスを考えることも大切です。

魚料理の食べ方

1 骨付きの魚の場合は、頭から尾に向かって縦に切り込みを入れ、骨に沿って背びれ側の上の身を外します。

2 上の身を外したら手前に置いて、左端から一口ずつ切り分けながら食べます。

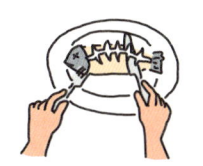

3 骨と下身の間にナイフを入れ、下身と骨をはずし、骨は皿の奥に移動させます。②と同様に左端から食べます。

デザートの食べ方

ミルフィーユなど崩れやすいケーキや高さのあるスイーツの場合は、横に寝かせて左半分から少しずつ切って食べます。

スープの飲み方

フランス編

1 ペンを持つようにスプーンを手に取り、皿の奥から手前に向かってすくうのがフランス式です。

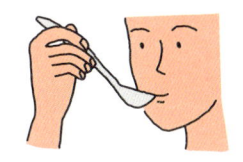

2 口に運ぶときはスプーンを斜め45度に傾けます。スープが少なくなったら皿を手前に傾けてすくいます。

イギリス編

皿の手前から奥に向かってすくうのがイギリス式です。音を立てないように飲むのは共通のルールです。

パンの食べ方

一口大にちぎってから食べます。そのままかぶりつかないようにしましょう。

カトラリーの使い方

日本料理においての箸使いと同じく、西洋料理ではカトラリーを正しく使うことが大切です。

カトラリーは外側から

西洋料理ではカトラリーをきちんと使うことが礼儀です。カトラリーは、肉料理用、スープ用などと料理によって変わり、外側から使うようにセッティングされています。右手にナイフ、左手にフォークを持ち、食事をするときは、「ハ」の字型に開いて使います。

カトラリーの使い方 3ヵ条

- デザート以外は外側から使う
- 右手にナイフ、左手にフォークを持つ
- 食事中と食事終了はカトラリーでサインを

フルコースのテーブルセッティング例

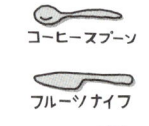

- バターナイフ
- コーヒースプーン
- フルーツナイフ
- フルーツフォーク
- オードブルフォーク
- 魚用フォーク
- 肉用フォーク
- 位置皿（サービスプレート）
- ゴブレット（水用）
- 赤ワイン用グラス
- 白ワイン用グラス
- シャンパングラス
- 肉用ナイフ
- 魚用ナイフ
- オードブルナイフ
- スープスプーン

ちょっと変わったナイフも ユニークな形の魚用のナイフ

先が少しへこんでいるカトラリーは、柔らかい魚を食べるためのナイフです。魚の身を切り分けたり、ソースをからめたりするときに使います。魚の小骨や中骨が取りやすいように工夫された形になっています。

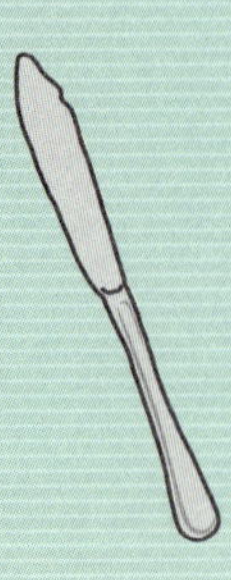

フォークとナイフの持ち方

フォークは左手に持ち、裏にして人差し指を伸ばします。右手で持つときはスプーンを持つようにして握ります。

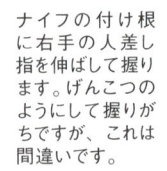

ナイフの付け根に右手の人差し指を伸ばして握ります。げんこつのようにして握りがちですが、これは間違いです。

第6章　食事のマナー　　カトラリーの使い方

食事中、食事終了のサイン

食事終了

フォークとナイフを時計の4時の向きにそろえます。フォークは表にして置くこと。

食事中

フォークは背を向け、ナイフは刃を手前にしてハの字型にして皿に置きます。

カトラリーを落としたら

係員に任せましょう

誤ってナイフやフォークを床に落としてしまっても、自分で拾わず、同席者に一言断りを入れてから係員を呼んで取り替えてもらいます。その際、大声で呼んだりせず、そっと手を挙げるなどしましょう。

ナプキンの使い方

ナプキンは店員へのサイン

ナプキンは、汚れている部分を見せないように、折りたたんだ内側を使うのが正式です。中座する場合は、いすの上にたたんで置きます。食事が終了したら軽くたたんでテーブルの上に置いておきます。ここできれいにたたんでしまうと、「料理が気に入らなかった」という不服のサインになってしまうので注意しましょう。

専用のカトラリーも

カトラリーの中でも特殊なものがいくつかあります。代表的なのがエスカルゴの身を取るエスカルゴフォークやカキを食べるときに使うオイスターフォークなどです。

特殊なカトラリーについて

エスカルゴトング

エスカルゴフォーク

オイスターフォーク

意外と間違ってる？食事マナーの常識
聞きかじりのマナーは危険

理解しているようで実は間違っていることが多いカトラリーの使い方。例えばスープスプーンは口の中に入れて全体をなめるのはNG。スープを口の中に流し込むようにスプーンを傾けます。またライスを裏返したフォークにのせて食べるのも間違いです。

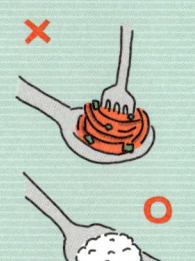

✗ パスタは少量をフォークにからめさせて食べます。スプーンを受け皿代わりにするのは間違っています。

○ ライスはフォークの表面にのせて食べます。フォークからはみださないくらいが適量。

✗ ワイングラスを回しながら飲むのはテイスティングのときのみ。それ以外は普通に飲みましょう。

中華料理のマナー

細かいマナーがあまりない中華料理ですが、タブーとされていることはあるので覚えておきましょう。

料理を取り分ける際は注意

大皿から取り分けて食べることの多い中華料理は、楽しくにぎやかに食事を楽しむのが目的です。料理が全員に行き渡るまで食べない、円卓を回すときに周囲に気を使うなどのマナーはありますが、それほど細かいものはありません。

4大中華料理とは？

四川料理
唐辛子やネギなど香辛料をふんだんに使った料理が多いのが特徴。「エビのチリソース」や「麻婆豆腐」などが有名です。

北京料理
肉を揚げたり炒めたりしたこってりとした料理が多く、有名どころに「北京ダック」や「青椒牛肉絲」などがあります。

上海料理
しょうゆと砂糖で仕上げた甘辛い料理が多く、上海がにの料理や「豚の角煮」「小籠包」などがあります。

広東料理
比較的あっさりとしていて、魚介や肉など素材の味を生かした料理が多数。「焼き豚」や「八宝菜」が代表的です。

ターンテーブルでのマナー

卓は時計回りに回します

中華料理では回せる台が付いたテーブルを数人が囲んで食事をします。ターンテーブルは時計回りに回すのが基本です。席次は入り口から一番遠い席が上席になり、続いて上席から見て左側が二番目右側が三番目になります。

円卓の席次

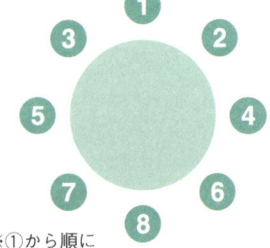

※①から順に上座→下座　入り口

円卓は8人掛けが一般的。男性と女性は交互に座ります。

円卓でのスマートな料理の取り分け方

1 自分の番が回ってきたら、左隣の人に「お先に失礼します」と一声かけてから料理を取り始めるのがスマート。

2 全体の分量と人数を考慮して、1人分よりやや少なめの量を皿に取ります。好きなものだけを探ったりしないこと。

3 他の人が調味料を取っていないか確認してから円卓を回して。料理は全員に行き渡るまで箸を付けないようにします。

第6章　食事のマナー　　　中華料理のマナー

中華料理の食べ方

料理により独特な食べ方も

中華料理は、大皿の料理を各自に取り分け、箸とれんげで食べるのが基本です。れんげは汁気の多い料理やタレを付ける料理の受け皿代わりに使います。細かい作法は日本料理ほどありませんが、料理によっては独特の食べ方をするものもあります。

中華料理のフルコース

1. 前菜
2. スープ（あっさりしたもの）
3. 主菜（肉や魚料理）
4. スープ（②よりもやや濃厚なもの）
5. 主菜
6. ご飯・めん類
7. 点心
8. デザート

北京ダックの食べ方

2 左右の皮を折り、下を折り返して持って食べます。具材が多すぎると食べにくいので注意。

1 肉を巻く薄皮の中央に甘みそを塗り、身と千切りのねぎ、きゅうりをのせます。

エビのチリソースの食べ方

2 殻は手で口元を隠してから箸で取り出します。取り出した殻は皿の上にまとめて置きます。

1 殻はむかずに、そのまま口に入れます。殻と身の間にうま味が凝縮されているためです。

ふた付き中国茶の飲み方

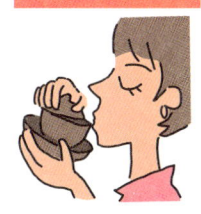

右手でふたを押さえながら少し奥にずらし、茶葉が口に入らないように飲みます。

めん類の食べ方

食べやすい量のめんを取り、れんげで受けながら食べます。スープは、器からではなくれんげを使って飲みましょう。

点心の食べ方

春巻き

切り分けていない状態で来たときは、箸で二等分して食べます。そのままかじりつくのは好ましくありません。

小籠包

れんげを受け皿代わりにして皮を崩さずに食べます。肉まんなどは手で一口ずつちぎりながら食べます。

いろいろな料理のマナー

その料理に応じたマナーを守ることは食事を楽しむ最低限のルールです。会食の機会の多い人は覚えておいて。

食べ物の種類だけマナーが

日本料理、西洋料理、中華料理などの一般的な料理以外にも、まだまだマナーが存在します。例えば韓国料理には専用のカトラリーがあったり、鍋料理には食材によって煮る順番が決まっていたりします。日ごろ会食の機会が多い人は覚えておきましょう。

韓国料理

焼き肉

肉は塩ダレから焼いていくと網が汚れません。骨付きカルビなどの大きめの肉は、焼けたらハサミで切り分けます。

参鶏湯（サムゲタン）

器の中で鶏の身や中の具材を崩し、取り皿に取り分けて食べます。骨などは備え付けの壺（つぼ）へ捨てます。

韓定食

金属製のスプーンと箸を使います。ご飯の器は持ち上げず、箸を口元に近づけて食べます。

いろいろな鍋

すき焼き

関東風と関西風では作り方が異なるので、店で食べる場合は係員に任せるのが基本です。

POINT
肉をしらたきや春菊の近くで煮ると硬くなってしまうので注意しましょう。

寄せ鍋

魚の鍋の場合は、初めに魚から入れるとダシが出ます。肉の鍋の場合は、野菜類の次に肉を入れたほうがやわらかく仕上がります。

200

第6章 食事のマナー　いろいろな料理のマナー

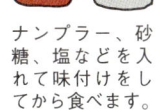

タイ料理

めん類

ナンプラー、砂糖、塩などを入れて味付けをしてから食べます。

汁が入っていない場合は、唐辛子などを混ぜてから食べます。

汁が入っている場合は、器に直接口をつけて汁を飲まないこと。

スペイン料理

パエリア

ムール貝はこう食べる

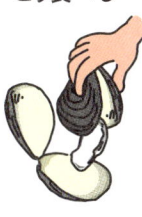

直接パエリアパンからすくって。ムール貝は殻を使って食べます。

ベトナム料理

生春巻

3 食べにくいときは、店員に言って切り分けてもらってもよいでしょう。

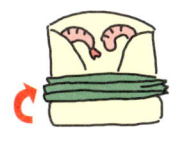

2 手前から巻きます。その奥にネギを置き、巻き終わりよりやや手前にエビを置きます。

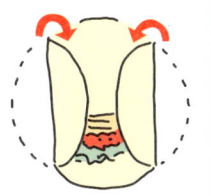

1 手巻きの場合はネギ以外の野菜を手前に置き、左右を折ります。

インド料理

カレーライス

ご飯の山を少しずつ崩してルーに寄せながら食べていくと、お皿が汚くなりません。

スマートな会計方法とは？

化粧室に行くふりをして会計を済ませる方法もあります。

割り勘の場合でも自分の分はテーブルの下で払います。

同席者から見えないよう、テーブルの下で払います。

スマートな会計もマナーのうち

ゲストを招いたときは化粧室へ行くふりをして会計を済ませるのがスマート。またはゲストが化粧室に行ったときにこっそりと会計を済ませてもよいでしょう。割り勘の場合はテーブルの下で、自分の分を払ってもらいましょう。

立食スタイルでのマナー

立ったまま会話を楽しむ立食スタイルのパーティーでは、動きやすく足が疲れない服装で出席しましょう。

楽しい雰囲気を大切に

立食パーティーは、食事よりも会話を楽しむのが目的なので、その場の雰囲気を壊さないように振る舞います。飲み物は、係員がトレーに乗せて会場を回っているので、声をかけてから好きなものを取ります。料理はメインテーブルにコース順で並んでいるので、できるだけコース順に食べましょう。食べ終えた皿はサイドテーブルに置いておけば係員が片付けてくれます。

白熱しそうな会話はNG!

ふさわしい服装とは

シンプルなスーツが最適

立って食事や会話を楽しむ立食パーティーでは、動きやすい服装がベスト。男性なら黒や茶色、紺などのスーツ。女性は裾があまり広がっていないワンピースや、ジャケットにパンツなどが最適です。

これはNG!

フリルが多く裾が広がっているドレスや長めのストールは避けましょう。足が疲れやすいハイヒールもNG。

人と歓談するときには

右手は空けておきましょう

会話ありきの立食パーティーなので、初対面の人にも自分から気軽に話しかけましょう。相手と会話するときは、左手で皿とフォーク、グラスを持ち、右手は握手のために空けておくのがマナーです。

お皿を持つ

左手の中指、薬指、小指を皿の下に添え、中指と薬指の間でフォークや箸の中央を固定。

グラスとお皿を持つ

左手の親指と人差し指、中指で皿を持ち、グラスは左手のひらにのせ、薬指と小指だけで支えて。

第6章　食事のマナー　　立食スタイルでのマナー

スマートな料理の楽しみ方

山盛りのお皿は見苦しい

ブッフェスタイルのパーティーだからといって、好きなように食事をするのはマナー違反。料理は自分が食べられる量だけを取りましょう。また、一枚のお皿に多種の料理を盛り付けるのは、見苦しいだけでなく料理の味を損ねるので慎みます。料理を山盛りにするのも絶対に避けましょう。

ルール① 同種類の料理を一皿に

料理を取るときは、冷たいもの、温かいものとお皿を分けて、その中でも2〜3種類を盛り付けます。必ず自分が食べられる量だけを取ること。食べ残しは最もマナーが悪いとされているので注意して。

ルール② 料理を取ったら離れて

自分の分の料理を取ったらすぐにメインテーブルから離れます。テーブルの周りに立ち止まっていると他の人が迷惑です。

ルール③ ソースが多いなら一種

2〜3種類を一皿に盛り付けるのが基本ですが、ソースがかかった料理などはお皿が汚れるので、食べ終わったらそのつどお皿を替えるとおいしく楽しめます。

好きなものを好きなだけ山盛りにするのは最も不作法な行為。食べきれる分だけ取りましょう。

ソースやタレなどが飛び散ると見苦しいので気をつけましょう。

ルール④ 食べ終わりも美しく

食べ終わったお皿や空いたグラスはサイドテーブルに置いておけばOK。乱雑に置くよりはお皿やカトラリーをまとめて置くなど、簡単でいいのでそろえると好感を持たれます。

お酒の席でのマナー

スマートに酒宴を楽しむために、その場にふさわしいお酒の注ぎ方や飲み方も知っておきましょう。

気配りとマナーを心がけて

上司や同僚とお酒を飲む機会は社会人にはつきものです。いくら酒宴だとはいえ、乾杯の仕方やお酒の飲み方、つぎ方にもマナーや作法があります。決して自分のペースで飲んだり騒いだりしないようにしましょう。

乾杯のときのマナー

新入社員は進んでお酌を

幹事役があいさつをして乾杯の音頭を取るときは、幹事に注目し、声をそろえて乾杯をします。新入社員の場合はまず席に着いたら、進んでお酌をするように心がけましょう。お店の人がお酒をついでくれる場合は任せます。

乾杯では口を付ける

口を付けたグラスはそのまま置いておく

飲めない場合は

乾杯のときはふりだけでも

お酒が飲めない人も、乾杯のときにはグラスに口を付けます。乾杯が終わったら、口を付けただけのグラスは置いておき、他の飲み物を注文します。お酒を勧められたら「お酒が飲めない体質なんです」と、明るくやわらかい口調で断りましょう。

お酒の選び方

お酒の選び方も礼儀のうち

きちんとした店で酒宴を行う場合、料理にふさわしいお酒を選ぶことは店への礼儀です。お酒によって料理の味わいも変わってくるので慎重に選びましょう。

料理別おすすめのお酒

日本料理	純米酒は、味付けのしっかりした料理、香り高い大吟醸や吟醸酒には、あっさりした料理が合います。
西洋料理（魚料理）	食前酒にはシャンパンやシェリー酒が、食中酒には白ワイン、ロゼがおすすめ。
西洋料理（肉料理）	淡泊な肉料理には軽い赤ワインを、重い肉料理にはコクのある赤ワインを。食前酒は魚料理と同じものを選びます。
中華料理	食前酒には杏露酒、桂花陳酒、食中酒には紹興酒や老酒が一般的です。

第6章　食事のマナー　　お酒の席でのマナー

お酌の仕方・受け方

グラスが空になる前に

酒宴ではお酒がなくなる前にお酌をします。グラスや杯を置いたままつぐのはNG。受ける場合は一口飲んでからついでもらい、「いただきます」と言って一口飲みます。ワインはグラスを置いたままついでもらうのが礼儀です。

これはNG!

- 自分で注がない ✗
- グラス同士をぶつけない ✗

酒宴での手酌はNG。また、乾杯するときはグラス同士を合わせず、グラスを顔の高さまで上げ、目で合図しながら乾杯します。

お酒のつぎ方

水割りの作り方

まず、濃いめか薄めかを確認してから作りましょう。基本的にはウイスキー3、水7の割合。グラスの8分目を目安に注ぐのがベスト。

つがれても飲み干さない！

つがれて一気飲みするのはマナー違反。飲み干していいのは紹興酒などの中国酒のみ。そのほかのお酒はつがれたら一口だけ飲み、一度テーブルに置いて少しずつ飲みます。

日本酒のつぎ方

1 お銚子（ちょうし）を右手で持ち、左手は軽く下に添えます。杯の8分目を目安にゆっくりとつぎます。

2 つぎ終わったら手首を回してお銚子を起こします。つぎ残しが垂れないようにするためです。

つがれるときは

右手で杯を持ち、左手の指先を底に添えます。

ビールのつぎ方

1 ビール瓶のラベルを上に持ち、左手を瓶の首に添えます。初めは勢いよくつぎます。

3 / 7

2 泡が立ったら、ゆっくり静かにつぎます。ビールが7、泡が3の割合がベスト。

つがれるときは

終始グラスを傾ける人がいますが、これはNG。初めは相手がつぎやすいよう少し傾けてから垂直に立てると泡がきれいに立ちます。

MEMO

監修者紹介

浦野 啓子　Urano Keiko

（株）東芝商事を経て、（株）対話総合センター入所。上級インストラクターとして、多くの企業・団体で社員教育を担当。その後コミュニケーションインストラクターとして独立し、現在に至る。管理職研修、接客応対研修、営業マン研修、新入社員研修、インストラクター研修などを手がける。『ビジネスが3時間でマスターできる』（明日香出版）、『相手に喜ばれる電話の受け方・かけ方』（PHP文庫）など著書も多数。元産業能率大学東京事業本部講師。2009年、没。

本書の内容に関するお問い合わせは、書名、発行年月日、該当ページを明記の上、書面、FAX、お問い合わせフォームにて、当社編集部宛にお送りください。電話によるお問い合わせはお受けしておりません。また、本書の範囲を超えるご質問等にもお答えできませんので、あらかじめご了承ください。

FAX：03-3831-0902
お問い合わせフォーム：http://www.shin-sei.co.jp/np/contact-form3.html

落丁・乱丁のあった場合は、送料当社負担でお取替えいたします。当社営業部宛にお送りください。
法律で認められた場合を除き、本書からの転写、転載（電子化を含む）は禁じられています。代行業者等の第三者による電子データ化及び電子書籍化は、いかなる場合も認められていません。

図解まるわかり ビジネスマナーの基本

2016年5月25日　発行

監修者	浦野 啓子
発行者	富永 靖弘
印刷所	公和印刷株式会社
発行所	東京都台東区台東2丁目24 株式会社 新星出版社 〒110-0016 ☎03(3831)0743

© SHINSEI Publishing Co., Ltd.　　Printed in Japan

ISBN978-4-405-10154-8

新星出版社の定評ある実用図書

- **ひと目でわかる 実用手話辞典** — NPO手話技能検定協会
- **図解まるわかり ビジネスマナーの基本** — 浦野啓一
- **英語高速メソッド®** CD2枚付 — 笠原禎一
- **英語高速メソッド® Vol.1** 日常英会話集 CD3枚付 — 笠原禎一
- **英語高速メソッド® Vol.2** 日常英会話集 CD3枚付 — 笠原禎一
- **短いフレーズでかんたんマスター 韓国語 改訂新版** CD2枚付 — 李 志暎
- **ママとパパ二人で はじめての妊娠&出産** — 竹内正人
- **最新セルフケア 経絡リンパマッサージ** — 渡辺佳子
- **男の子・女の子 赤ちゃんの名前事典** — 城山廸子
- **マタニティ・ヨガ Lesson** DVD付 — スタジオ・ヨギー
- **今あるがんに勝つジュース** — 済陽高穂
- **知りたいことがすぐわかる 家庭医学事典** — 新星出版社
- **悩みまない糖尿病 おいしい献立3週間** — 上村泰子/武井 泉
- **もう一番かんたんキレイにやせる! カロリー事典** — 上村泰子
- **新版 冠婚葬祭マナーBOOK** — ハクビマナー学院マナー文化教育協会
- **アロマテラピーの教科書** — 和田文緒
- **からだに効く 100のスムージー** — 牧野直子
- **イチバン親切な 料理の教科書** — 川上文代
- **イチバン親切な 和食の教科書** — 川上文代
- **ひと目でわかる 料理の教科書 きほん編** — 川上文代
- **DVDで覚える すぐデキ&ラクうまな 料理の教科書ビギナーズ** — 川上文代
- **中高生のおいしいお弁当** — 河野雅子
- **お菓子の教科書** — 川上文代
- **料理の教科書ビギナーズ** — 牧野直子
- **冷凍保存の教科書ビギナーズ** — 吉田瑞子
- **一人ぶんから作れる ラクうまごはん** — 瀬尾幸子
- **はじめての野菜づくり** — 東京都立農芸高等学校
- **開運!おうち風水** — 栗原里央子
- **決定版 恐いほどよく当たる 四柱推命** — 黒川兼弘
- **方位磁針付き 相開運 なぞなぞチャレンジ!1年生** — 嵩瀬ひろし
- **めちゃカワ!! まんがイラストずかん** — めちゃカワ!!まんがイラスト委員会
- **スポーツ・ステップアップDVDシリーズ テニスパーフェクトマスター** — 石井弘樹
- **スポーツ・ステップアップDVDシリーズ 卓球パーフェクトマスター** — 木村興治/秋場龍一
- **DVDで覚える 健康太極拳** — 楊 慧
- **DVDで覚える シンプルヨーガLesson** — 綿本 彰
- **DVDで覚える 自力整体** — 矢上 裕
- **親子であそぼう! はじめてのおりがみ** — 小林一夫
- **図と写真でよくわかる ひもとロープの結び方** — 小暮幹雄
- **イチバン親切な 棒針編みの教科書** — せばたやすこ
- **イチバン親切な かぎ針編みの教科書** — せばたやすこ
- **イチバン親切な 水彩画の教科書** — 上田耕造
- **西洋美術入門 絵画の見かた** — 池上英洋
- **童謡・唱歌・みんなのうた** — 新星出版社編集部
- **やさしく弾けるピアノ伴奏 保育のピアノ伴奏** — 新星出版社編集部
- **やさしく弾けるピアノ伴奏 保育のうた12か月** — 新星出版社編集部
- **CD付 いちばん親切な楽典入門** — 轟 千尋